AF202023

Stephan Franke

Mit Fotografien von Carl Eberth (Stadtarchiv Kassel)

Kassel im Aufbruch

Die 50er-Jahre

Wartberg Verlag

Bildnachweis

Alle Bilder stammen aus dem Stadtarchiv Kassel, Bestand Carl Eberth.

Bildsignaturen mit Seitenverweis: 0.523.003 (Umschlagvorderseite), 0.549.388 (Umschlagrückseite), 0.535.517 (5 o.), 0.557.525 (5 u.), 0.539.745 (6 o.), 0.522.903 (6 u.), 0.535.215 (7), 0.552.258 (8), 0.549.398 (9), 0.549.414 (10), 0.557.580 (11), 0.557.757 (12), 0.522.888 (13 o.), 0.535.454 (13 u.), 0.556.709 (14), 0.550.724 (15), 0.504.970 (16 l.), 0.552.205 (16 r.), 0.535.052 (17), 0.522.794 (18), 0.516.888 (19), 0.534.747 (20), 0.556.649 (21), 0.556.567 (22), 0.557.730 (23), 0.557.007 (24), 0.557.774 (25), 0.535.468 (26), 0.502.227 (27), 0.555.321 (28), 0.557.921 (29), 0.557.516 (30), 0.535.077 (31), 0.516.915 (32), 0.505.046 (33), 0.510.947 (34), 0.510.938 (35), 0.556.164 (36), 0.552.260 (37), 0.552.259 (38), 0.522.620 (39), 0.557.350 (40), 0.557.241 (41), 0.554.394 (42), 0.535.871 (43), 0.556.058 (44 o.), 0.554.894 (44 u.), 0.554.800 (45), 0.556.566 (46), 0.545.247 (47), 0.557.031 (48), 0.557.791 (49), 0.554.466 (50), 0.556.248 (51), 0.557.579 (52), 0.505.976 (53), 0.555.696 (54), 0.557.767 (55 o.), 0.557.732 (55 u.), 0.557.773 (56), 0.557.778 (57), 0.545.540 (58), 0.554.472 (59), 0.557.786 (60), 0.557.731 (61), 0.556.973 (62), 0.554.064 (63), 0.556.646 (64), 0.538.481 (65), 0.544.319 (66), 0.550.038 (67), 0.552.214 (68), 0.552.213 (69), 0.523.747 (70), 0.549.596 (71), 0.523.626 (72 o.), 0.523.630 (72 u.), 0.535.738 (73), 0.557.022 (74), 0.515.974 (75), 0.557.490 (76), 0.549.476 (77), 0.510.898 (78), 0.553.435 (79), 0.545.801 (80), 0.526.687 (81), 0.516.100 (82), 0.515.877 (83), 0.558.090 (84), 0.552.028 (85), 0.557.760 (86), 0.557.788 (87), 0.552.268 (88), 0.553.465 (89), 0.557.779 (90), 0.536.157 (91), 0.523.075 (92), 0.536.204 (93), 0.558.072 (94), 0.557.853 (95).

Titelbild: Ein Blick auf bereits Geschaffenes: Vom Massey-Ferguson-Haus werfen 1956 zwei Schornsteinfeger einen Blick auf den Zustand der Neugestaltung des Ständeplatzes.

Umschlagrückseite: Ein häufiges Ereignis in den 50er-Jahren ist das Richtfest, hier am 30. Mai 1955 in der Friedrich-Ebert-Straße: Das Nordsternhaus neben der Alten Hauptpost geht seiner Vollendung entgegen.

1. Auflage 2019

Alle Rechte vorbehalten, auch die des auszugsweisen Nachdrucks und der fotomechanischen Wiedergabe.

Layout und Satz: Christiane Zay, Potsdam

Druck: Griebsch & Rochol Druck GmbH, Hamm (Print Media Group)

Buchbinderische Verarbeitung: Buchbinderei S. R. Büge, Celle

© Wartberg-Verlag GmbH

34281 Gudensberg-Gleichen, Im Wiesental 1

Telefon: (0 56 03) 930 50

www.wartberg-verlag.de

ISBN 978-3-8313-3222-9

Inhalt

Vorwort

Cassel.

Diß ist die Hauptstat deß Niedern Fürstenthumbs Hessen / vnd ein Fürstliche Landgräffliche Residentz / vnd Landes Regierung / der höchste Schmuck vnd Zierde deß Landes / so wol der vornehmen Kauffmanschafft / als der schönen Fürstlichen Palästen / vnd sonsten Bürgerlichen Wohnungen halber.

So steht es in der Topographia Hassiae von 1655. Kassel hat nach den Bombenangriffen im Zweiten Weltkrieg sein ursprüngliches Gesicht verloren. Von der einstigen viel zitierten Pracht ist nicht mehr viel übriggeblieben. Drei Viertel der Wohnbebauung und zwei Drittel der Industrieanlagen wurden restlos zerstört. Das, was den Zweiten Weltkrieg überstanden hatte, wurde anschließend dem neuen städteplanerischen Denken der 50er-Jahre geopfert, so dass Kassel heute ein völlig anderes städtisches Gesicht zeigt, als das zu Beginn des 20. Jahrhunderts noch der Fall gewesen war.

Während sich die Bautätigkeit zwischen 1945 und 1950/51 auf die Randbezirke konzentrierte (hier baute man vor allem Wohnungen, Schulen etc.), wurde die Innenstadt zunächst ausgespart. Der Wiederaufbau nahm langsam Fahrt auf. Mit Festlegung eines neuen Generalbebauungsplanes 1951 wurde das Ziel der „autogerechten Stadt" umgesetzt. Grundidee war die Schaffung eines Bereichs, der gleichzeitig für Geschäfte, Verwaltung, aber auch zum Wohnen genutzt wurde. Ein wahrer Bauboom setzte ein, der die noch bestehenden Bausubstanzen – nicht immer konfliktfrei diskutiert – ablöste. Hier ist z. B. der Abriss des Staatstheaters zu nennen. Wohnsiedlungen entstanden, etwa in der Sophienstraße Kassels erstes Hochhaus, geplant vom Architekten Paul Bode. Bürobauten und öffentliche Gebäude wie das Hallenbad, die Stadthalle und das Naturkundemuseum konnten wiedereröffnet werden, das Straßennetz wurde großzügig ausgebaut. Mit dem Bau der Treppenstraße 1953 besaß Kassel die erste Fußgängerzone der jungen Bundesrepublik Deutschland. Kassel galt als autogerechteste Stadt Deutschlands, Symbol dafür war der große Kreisel, der als Platz der Deutschen Einheit 1958 dem Verkehr übergeben werden konnte. Anfang der 50er-Jahre lebten bereits wieder über 160 000 Menschen in der Stadt.

Mit der Bundesgartenschau 1955 ergab sich die Gelegenheit, die Infrastruktur auszubauen und gleichzeitig den Namen Kassels bundesweit zur Geltung zu bringen. Weiteren Aufschwung brachte die eigentlich nur als Anhängsel der Bundesgartenschau gedachte „documenta", angeregt vom Kasseler Kunstprofessor Arnold Bode, die sich zur weltweit größten Ausstellung moderner Kunst entwickelte und heute alle fünf Jahre viele Besucher nach Kassel lockt.

„Stadt im Aufbruch", so lautet der Titel des vorliegenden Bildbandes und soll genau das beschreiben, was oben bereits geschildert wurde. Wieder einmal hat der Kassel-Kenner Stephan Franke aus dem reichhaltigen Bildmaterial des im Stadtarchiv Kassel verwahrten Fotobestandes Eberth Motive zu unterschiedlichen Themenkomplexen ausgewählt, die die Stadtentwicklung Kassels in den 50er-Jahren beleuchten. Der Blick reicht dabei von den deprimierenden Bildern aus der direkten Nachkriegszeit, über das sich langsam entwickelnde Alltagsleben, hin zu den Baumaßnahmen der neu geplanten verkehrsgerechten Stadt.

Dr. Stephan Schwenke, Leiter des Stadtarchivs Kassel

Stadtbild mit Lücken

Unsicherer Neubeginn

Carl Eberth (1882–1955) zählte Ende der 30er-Jahre zu den prominentesten Fotografen der Stadt Kassel. Neben fotografischen Dienstleistungen für den bürgerlichen Alltag von Heiratsfotos bis zu Passbildern war Eberth auch für diverse Presseorgane und offizielle Institutionen tätig. Die Hohenzollernstraße (heute Friedrich-Ebert-Straße) war für Jahrzehnte die Adresse des Fotoateliers – mit einer kriegsbedingten Ausnahme: Bei der für Kassel besonders verheerenden Zerstörung des 22./23. Oktober 1943 verlor der Fotograf mit dem Geschäft auch einen erheblichen Teil des Fotoarchivs. Erst 1955 konnte er am bewährten Standort wieder einen Neubau beziehen. In der Zwischenzeit führten Carl Eberth und seit 1955 sein Sohn und Nachfolger Carl Eberth junior (1910–1991) in Waldkappel das fotografische Geschäft weiter, nicht ohne in regelmäßigen Besuchen Kassels Zerstörung und Wiederaufbau zu dokumentieren. In der Tat muss ein Besuch in den unmittelbaren Nachkriegsmonaten eine deprimierende Erfahrung gewesen sein. Der Blick aus einem Fenster auf die Trümmerlandschaft in Richtung der Martinskirche vermittelt davon einen markanten Eindruck (oben).

In dem vorliegenden Band sind Fotografien aus den Jahren 1950 bis 1960 versammelt – ein Zeitraum, der als „die 50er-Jahre" oftmals mit einem idyllisierenden Klischee verbunden ist. Die ausgewählten Aufnahmen werfen allerdings Schlaglichter auf einen nicht widerspruchs- und konfliktfrei verlaufenden Alltag und verknüpfen die Entwicklung der Stadt mit der Entwicklung der 1949 neugegründeten Bundesrepublik. Bei aller Unsicherheit Ende der dunklen 40er-Jahre dürfte der Neujahrsgruß aus dem Photohaus Eberth für das Jahr 1950 die Hoffnungen und Erwartungen vieler Menschen in dieser Zeit ausgedrückt haben (unten).

Ankunft in Kassel

Am 1. Mai 1953 besuchte Bundespräsident Theodor Heuss die Firma Henschel und hielt aus Anlass des Tags der Arbeit auf dem Friedrichsplatz eine vielbeachtete Ansprache. Zur Begrüßung des Staatsoberhaupts hatten sich vor dem Hauptbahnhof Schaulustige und eine Ehrenkompanie aus Polizei und Bundesgrenzschutz eingefunden. Ebenso provisorisch wie der Staat, der erst 1955 wieder volle Souveränität erlangen sollte, bot sich dem Betrachter der Zustand der Fassade des neugestalteten Bahnhofs dar (oben).

Verließ man die Bahnhofshalle, so fiel der Blick auf einen noch wenig großstädtisch wirkenden Vorplatz (unten). Das frühere Hotel „Nordischer Hof", hinter dem der Turm der Lutherkirche sichtbar wird, ist nurmehr erstes Café am Platz. Eine Drogerie und ein Geschäft für Uhren und Trauringe sind in jenen improvisiert wirkenden Gebäuden untergebracht, die auch in anderen Teilen der Innenstadt noch längere Zeit das Geschäftsleben prägen sollten.

„Auf freiem Grund mit freiem Volke steh'n"

Nach dem Besuch der Henschelwerke hielt Bundespräsident Theodor Heuss am 1. Mai 1953 eine auch vom Rundfunk übertragene Rede. Vor der Ruine des Roten Palais und des Fridericianums hat sich eine große Menschenmenge eingefunden, die die Ankunft des Präsidenten erwartet. Der Friedrichsplatz sah in den 30er-Jahren eine Fülle von straff und militärisch organisierten Massenveranstaltungen, die das Ideal der national- sozialistisch geführten Volksgemeinschaft widerspiegeln sollten. Acht Jahre nach dem Krieg wirkt die Ansammlung einer großen Menschenmenge locker und zivil. Theodor Heuss, der zu den seltenen Vertretern des Intellektuellen auf der politischen Bühne nicht nur seiner Zeit zählte, könnte diesen Wandel mit Verweis auf „Faust" kommentiert haben. Die neue Republik setzt auf die freigewählte Entscheidung des Einzelnen zur öffent- lichen Stellungnahme und Demonstration.

Kirche im Aufbau

Die Martinskirche ist für Stadt- und Landesgeschichte, aber besonders für die Traditionen des Protestantismus das wohl gewichtigste Bausymbol Kassels. Nach der fast völligen Zerstörung 1943 dauerte es noch elf Jahre, bis mit einem Wiederaufbau begonnen wurde. Auf der Fotografie von 1955 wird soeben die Neukonstruktion des Kirchenschiffs in Angriff genommen. Drei Jahre später konnte die Kirche neu geweiht werden – nach einer längeren Diskussion über die Form der Türme, die gegenüber dem historischen Erscheinungsbild stark differieren. Am Martinsplatz sind die neuen Wohnhäuser schon beziehbar. Wie so oft in diesen Jahren hatte die Schaffung von Wohnraum Priorität vor historischer Rekonstruktion. Provisorisch wirken auch noch das Residenz-Kaufhaus und die Konfektionsfirma Lehmann in bescheidenem Baracken-Stil. Der Publikumsverkehr weist schon darauf hin, dass der „Stern" sich in den Folgejahren zu einem zentralen Knotenpunkt in der Innenstadt entwickeln sollte.

Der neue Ständeplatz

Anlässlich des Richtfests des Nordsternhauses am 20. April 1955 (Foto Rückseite des Buches) fokussierte der Fotograf die Kamera in Richtung Ständeplatz. Die Aufnahme vermittelt den Eindruck eines improvisiert wirkenden Aufbaus am Ausgang der Friedrich-Ebert-Straße. In Blickrichtung auf die Jordanstraße (rechts) befinden sich die typischen behelfsmäßigen Flachbauten, die verschiedene Einzelhandelsgeschäfte beherbergen. Eine Reihe von Wohnhäusern ist bereits wiederhergestellt. Die Straßenführung der früheren Hohenzollernstraße ist gegenüber der Vorkriegszeit im Eingang zum Ständeplatz verkehrsgerecht verändert. Der bereits abgeschlossene Neubau der Industrie- und Handelskammer gibt einen Eindruck von der geplanten hellen Häuserfront des langgezogenen Platzes. Am Rande des Repräsentativbaus findet sich noch das Provisorium der altbekannten Braustube Bärenkammer. Vor dem Krieg eine beliebte Einkaufsmeile als Hohenzollernstraße, scheint der rege Fußgängerverkehr an diesem Frühlingstag auf eine Wiederbelebung der früheren Bedeutung hinzudeuten.

Fronleichnam am Roten Palais

Am 9. Juni 1956 versammelten sich zur Feier des Festes „Sollemnitas Sanctissimi Corporis et Sanguinis Christi", kurz zum Fronleichnamsfest, die Kasseler Katholiken auf dem Friedrichsplatz. Wie jedes Jahr fand die obligatorische Prozession mit der geweihten Monstranz in diesen Jahren dort ihren Abschluss. In Kassel befanden sich die Katholiken in einer religiösen Minderheitenposition, wenngleich sich ihr Anteil durch einen Zuzug von Heimatvertriebenen aus den ehemaligen Ostgebieten leicht erhöht hatte. Die Prozession, die von Pfadfindern flankiert wird, hat die Ruine des Roten Palais passiert und bewegt sich auf das Museum Fridericianum zu. Dort findet das Fest seinen Abschluss mit der Feier der heiligen Messe, die in diesen vorkonziliaren Zeiten noch in lateinischer Sprache zelebriert wurde.

Regierungsbezirk Kassel

Während die Entscheidung, auf einen Wiederaufbau des alten Preußischen Staatstheaters am Friedrichsplatz zu verzichten, bis heute zu Kontroversen führt, war die Beseitigung der Ruine des Justizpalastes weniger umstritten. Mit der Auflösung Preußens durch die Alliierten verlor Kassel die Rolle einer gewichtigen Verwaltungszentrale der Provinz Hessen-Nassau. Im neugegründeten Bundesland Hessen wurde der Stadt der Sitz eines Regierungspräsidiums zugeteilt. Am Standort der Vorgängerruine erfolgte 1957 die Grundsteinlegung für den Neubau eines „Regierungspräsidium Kassel" am Steinweg, der 1959 seiner Bestimmung übergeben wurde. Der Fotograf dokumentiert den Zustand der Bauarbeiten Mitte 1958. Der Blick streift über die Ruine des Marstalls und die Brüderkirche auf einen Rohbau, der schon die endgültige Gestalt des Gebäudes erkennen lässt.

Trümmer und neues Wohnen

Ein Bild des Kontrastes – Trümmerbeseitigung und neu geschaffener Wohnraum. Mit diesen Begriffen kann der Wiederaufbau schlagwortartig charakterisiert werden. Interessierte Zuschauer haben sich auf den letzten Resten der alten Stadtkaserne am Königstor eingefunden. Mit der Beseitigung des sehr kompakten Gebäudes, an dessen Standort die Sporthalle Königstor entstehen sollte, nahm die Neugestaltung des nun West genannten Stadtteils seinen Fortgang. Ein Wohnhochhaus an der Friedrich-Ebert-Straße ist bereits bezugsfertig. Was die Kritik Jahre später als Wohnsilos bezeichnen wird, war in jenen Jahren ein Beispiel bedarfsgerechter Wohnraumplanung für kleine Familien und Alleinstehende: Die Bezeichnung Appartement wurde auch in der Alltagssprache geläufig.

Zweimal Friedrich-Ebert-Straße

Nach dem Ende des Dritten Reiches erfolgte die Umbenennung, beziehungsweise Rückbenennung einer ganzen Reihe von Straßenbezeichnungen. Neben den Namen nationalsozialistischer Personen wurden auch solche getilgt, die noch auf preußische Traditionen verwiesen. So verschwand neben dem Hohenzollernviertel auch die Hohenzollernstraße, die nun nach dem ersten Reichspräsidenten der Weimarer Republik, Friedrich Ebert, benannt wurde. Das Photohaus Carl Eberth war ab 1955 am alten Standort unter Friedrich-Ebert-Straße 42 zu finden. Auch nach dem Krieg entstand eher beiläufig eine große Fülle von Aufnahmen in der unmittelbaren Umgebung des Geschäfts. Sie ermöglichen einen eindrucksvollen Einblick in den Wandel einer Straße über mehrere Jahrzehnte hinweg. Im Jahre 1953 ist von der alten Pracht des grünzeitlichen Hohenzollernviertels nichts mehr zu erkennen. Noch sind die Trümmer des alten Gasthauses Zeppelin in der unmittelbaren Nachbarschaft der nicht sichtbaren Hauptpost nicht restlos beseitigt worden. Auf der linken Straßenseite ist der Kiosk an der Karthäuserstraße zu erkennen. Dahinter ein Einzelhandelsgeschäft, das es sich nicht hat nehmen lassen, in der Vorweihnachtszeit einen Tannenbaum auf den Flachbau zu stellen (oben).

Zwei Jahre später ist der Fotograf vor sein Geschäft getreten und fängt eine Szene an der Ecke Friedrichs-Engels-Straße ein (unten). Einige Schulmädchen versuchen zwischen Autos, Krad und Fahrrädern die Straße zu überqueren. Die Einzelhandelsgeschäfte auf der anderen Straßenseite wirken noch provisorisch, aber es zeichnet sich ab, dass dieser Teil der Friedrich-Ebert-Straße die alte Bedeutung als Einkaufsmeile nun für den Vorderen Westen wieder erlangen wird.

Firenze saluta Kassel – Kassel grüßt Florenz

Zwar geht die Idee der Städtepartnerschaft schon auf die Zeit vor dem Ersten Weltkrieg zurück, einen wichtigen Auftrieb erhielt das Konzept allerdings erst nach dem Zweiten Weltkrieg, beflügelt vor allem durch die Entfaltung des Europa-Gedankens im Laufe der 50er-Jahre. Die erste Partnerschaft ging Kassel 1952 mit Florenz, der Hauptstadt der italienischen Provinz Toskana, ein. Nachdem die Stadtverordneten beschlossen hatten, in der Innenstadt einen „Florentiner Platz" zu schaffen, fand am 6. November 1958 unter großer Anteilnahme Kasseler Bürger und der Stadtprominenz sowie einer Delegation aus der italienischen Partnerstadt eine offizielle Veranstaltung zur Namensgebung statt.

Übrigens: Auch in Florenz hat die Partnerschaft ihren Niederschlag gefunden: Eine „Via Kassel" befindet sich unweit des Arno in der Nähe des Parco dell'Anconella.

Ausfahrt Autobahn

Die Fotografie aus dem Jahre 1957 bietet ein besonderes Dokument städtebaulichen Wandels: die Errichtung eines Gebäudes, das mittlerweile wieder verschwunden ist. Seit März jenes Jahres wurde an der zentralen Verkehrskreuzung des Altmarktes das „Polizeipräsidium Kassel" errichtet. Das typische Beispiel eines nüchternen Zweckbaus im Stil der 50er-Jahre musste 2007 dem Neubau des Finanzamtes weichen. Die Aufnahme aus der frühen Phase der Errichtung vermittelt auch einen Einblick in die noch nicht abgeschlossene Gestaltung der Straßenführung. Zur Stunde ist der Verkehr auf den Altmarkt gesperrt. Ein bescheidenes Verkehrszeichen „Autobahn" weist in die östliche Richtung der Stadt, zum Zubringer der nord-südlichen Autobahnstecke Frankfurt–Göttingen. Die Aufforderung des Roten Kreuzes „... achte auf den Anderen" war angesichts der Expansion des Straßenverkehrs in Stadt und Land sicher berechtigt.

Schloss mit Narben

Auch für die Nachkriegszeit befindet sich eine Fülle von Fotografien zum Bergpark Wilhelmshöhe im Eberth-Archiv. Für den Sommer belegen die Aufnahmen die nicht nachlassende Attraktivität des Ortes zum Flanieren vornehmlich an Sonn- und Feiertagen, auf den Winteraufnahmen scheinen Schnee und Eis wie für einen touristischen Werbekatalog zu glänzen. Einen Eindruck davon vermittelt die Fotografie vom Ende des Jahrzehnts mit Schlittschuhläufern auf dem zugefrorenen Lac. Der Betrachter wird allerdings schnell von den Freuden des Wintersports auf die massiven Schäden des Schlosses gelenkt (rechts).

Im Jahre 1956 dienten Park und Schloss als Kulisse für ein Lichterfest, das den desolaten Zustand ein wenig vergessen ließ (links). Erst 1961 begannen die Pläne für einen Wiederaufbau Gestalt anzunehmen, die schließlich zu einer Nutzung des Schlosses als Kulturstandort führten. Bis dahin konnte sich manch ein Flaneur beim Anblick des Gebäudes an die Metapher von den „Narben des Krieges" erinnern.

„Und neues Leben blüht aus den Ruinen"

Mit steigendem Einkommen und vermehrter Freizeit wuchs auch die Nachfrage nach den Annehmlichkeiten gepflegter Caféhauskultur. Schon in den frühen 50er-Jahren zeigte das klassische Ambiente in den gastronomischen Einrichtungen im Bergpark Wilhelmshöhe wieder ein dementsprechendes Angebot, dass vor allem für den Familienausflug am Wochenende genutzt wurde. Die Fotografie aus dem Jahre 1952 führt jedoch in die Innenstadt. An der Ecke Karlsplatz/Friedrichsplatz bot das „Café Jung" in der Hektik des Alltags Platz für ein kurzes Verweilen. Aber auch für den vor allem bei weiblichen Gästen in dieser Zeit so beliebten Kaffeeklatsch mit der berühmten und gefährlichen üppigen Sahnetorte war diese Idylle mit Trümmerrand ein beliebter Treffpunkt. Neben dem Flair einer Gartenlandschaft erwies sich der Ort angesichts wachsenden Autoverkehrs auch als das, was man seinerzeit als „grüne Lunge in der Großstadt" bezeichnetc. Das schon vor dem Krieg alteingesessene Café schloss 1962 endgültig seine Pforten.

Die „autogerechte Stadt"

Altmarkt

Die stadtplanerische Neugestaltung des Altmarktes wurde überregional mit großer Aufmerksamkeit beachtet und zumeist positiv kommentiert. Das Konzept einer „autogerechten Stadt" galt in jenen Jahren als erstrebenswertes Planungsziel in vielen Teilen des zerstörten Europas. Kassel schien hier einen konsequenten Vorlauf zu bieten. Ein Vergleich mit dem Vorkriegszustand zeigt die Entwicklung von einem altstädtisch-idyllischen Standort zu einem großzügig angelegten Verkehrsknotenpunkt, der vor allem dem fließenden Verkehr zwischen Innenstadt und östlicher Anbindung an Autobahn und Bundesstraße zu dienen hat. Die Fotografie aus dem Jahre 1960 lässt in Richtung der Wildemannsgasse noch deutliche Baulücken erkennen – der beliebte Zisselbrunnen ist als markanter Teil des Altmarktes schon zu erkennen. Während in früheren Aufnahmen der Altmarkt wie ein Platz auf der Suche nach Automobilen wirkte, hat die Mobilisierung des Individualverkehrs schon die erwarteten Fortschritte gemacht.

Drei Jahre zuvor entstand die Aufnahme von den Straßenbauarbeiten. Im Laufe der Jahrzehnte haben sich die Vorstellungen von Verkehrs- und Stadtplanung mehrfach verändert – so verwundert es nicht, dass bis heute der Altmarkt ein Ort ständiger Tiefbauaktivitäten geblieben ist.

Geleitschutz für Kinderwagen

Zu den hochgelobten Neuerungen der Stadt- und Verkehrsplanung gehörte der Bau von Fußgängertunnels an den wichtigsten Knotenpunkten des Verkehrsgeschehens. Jede Innovation bedarf einer sachgerechten und kundenorientierten Schulung. An dem neuen Tunnel am Altmarkt werden Mütter mit ihren Kinderwagen in den sicheren Gebrauch des Mittelstreifens eingewiesen. Hier – im Frühjahr 1957 – begibt sich eine junge Frau unter Assistenz dreier Beamten auf den schiefen Pfad – von einem jungen Mann im Hintergrund skeptisch beäugt. Eine Durchsicht der anderen Aufnahmen aus der Frühzeit des Babybooms brachte kein Foto eines Vaters mit Kinderwagen zum Vorschein. Heute sind die Unterführungen fast vollständig verschwunden.

Zeit der Scheren

Wo viel aufgebaut wird, ist viel einzuweihen. Auf allen Ebenen staatlicher Aktivitäten – bundesweit, landesweit oder im kommunalen Bereich – ein Haushaltsutensil wurde im öffentlichen Leben häufig gebraucht: die Schere. Am 1. Juli 1958 war es wieder so weit. Unmittelbar vor dem Durchschneiden des Absperrbandes durch Oberbürgermeister Lauritz Lauritzen drückt der Fotograf auf den Auslöser. Ein wichtiger Verkehrsknotenpunkt zwischen Unterneustadt und Bettenhausen wird der Bestimmung übergeben: der Kreisel, der nunmehr den Namen Platz der deutschen Einheit erhält. In jenen Jahren bewegte die Frage nach den Möglichkeiten und Unmöglichkeiten einer Wiedervereinigung in den Grenzen von 1937 die öffentlichen Debatten und fand in der Symbolik von Straßen- und Platzbenennungen ihren Niederschlag.

Ein Bär für Berlin

„Dreigeteilt? Niemals!" – unter dieser Losung versuchte die Initiative „Unteilbares Deutschland" die Erinnerung an das Deutschland in den Grenzen von 1937 aufrechtzuerhalten. Besonders das Schicksal Berlins wurde in der Hochzeit des Kalten Krieges in der Öffentlichkeit nicht nur politisch-pathetisch beschworen. Neben dem „Notopfer Berlin" in Briefmarkenform oder der Werbung für Tourismus und Arbeitskräfte, bot die Kunst eine Möglichkeit zur Demonstration der Solidarität mit der alten Reichshauptstadt und dem Appell zur Wiedervereinigung. Am 23. Mai 1959 – ein Jahr nach einer dramatischen Berlinkrise unter den Alliierten – wurde im Rahmen einer Berliner Woche eine Skulptur des Kasseler Bildhauers Heinz Wiegel (1905–1986) enthüllt. Das Wahrzeichen Berlins aus Kirchheimer Muschelkalk war bald bei Jung und Alt ein unverlierbarer Teil der Berliner Brücke und ein Blickfang auf dem Wege in den Stadtteil Kirchditmold.

Gefährdeter Spielraum

Mit der Zunahme des Individualverkehrs wuchsen auch die Gefahren für die Verkehrsteilnehmer. Bis Mitte der 50er-Jahre hatte die Zahl der Toten im Straßenverkehr bereits einen traurigen Höhepunkt erreicht. Vor allem Kinder und Jugendliche waren davon betroffen. Spiel und Spaß, Hüpfspiele und das beliebte Bolzen – für die vorhergehende Generation als Vergnügen vor dem Haus noch möglich, wurde durch die wachsende Verkehrsdichte zunehmend eingeschränkt. Das Foto aus den Jahren vor 1956 vermittelt einen Einblick in den Problemkreis „Kinder und Straßenverkehr" – eine Thematik, die auch von der zeitgenössischen Pädagogik unter der Frage „Verlust des kindlichen Lebensraums?" thematisiert wurde. Mit der Einrichtung von Schülerlotsen an verkehrsintensiven Brennpunkten in Schulnähe und einer kindgerechten Verkehrserziehung wurde versucht, den Gefahren zu begegnen.

Neue Schienen

Nach der Zerstörung der Stadt am 23. Oktober 1943 konnte das Straßenbahnnetz nur mit erheblichen Einschränkungen aufrechterhalten werden. Mit der Neugestaltung der Innenstadt nach den Erfordernissen des erwarteten Individualverkehrs setzte eine bis heute anhaltende Diskussion über die Rolle des öffentlichen Nahverkehrs ein. Mit der Schaffung einer Fußgängerzone in der Oberen Königsstraße sollte noch ein Jahrzehnt vergehen. Bis dahin hatte neben dem Straßenbau auch die Restaurierung und Neuverlegung des städtischen Schienennetzes Priorität. Um 1955 nutzen zwei Jungen die bahnfreie Zeit zu einem Gespräch auf den neuverlegten Schienen.

Frühe Elektromobilität

In den 50er-Jahren eine Kuriosität – heute ein Wunschtraum energiegerechter Fortbewegung: öffentlicher Nahverkehr mit Elektrizität. Bis zum Mai 1962 konnte man vom Bahnhof Wilhelmshöhe aus die Rasenallee mit Hilfe eines Oberleitungsbusses erreichen. Das System hatte eine nur kurze Geschichte: 1944 eingerichtet und kriegsbedingt bald wieder eingestellt, versorgte der „O-Bus" ab 1947 den Personenverkehr zwischen dem Wilhelmshöher Bahnhof und Harleshausen. In der Aufnahme aus dem Jahre 1956 hat der Bus die Haltestelle Schule Kirchditmold verlassen und setzt seine Fahrt über Teichstraße in Richtung Bahnhof Wilhelmshöhe fort. Die zugeteilte Liniennummer 10 bediente eine Streckenlänge von sechs Kilometern, die auch heute von Buslinien befahren werden.

Bahnhof Wilhelmshöhe

Mitte des Jahrzehnts fängt der Fotograf einen intensiven Publikumsverkehr vor dem Bahnhof Wilhelmhöhe ein (rechts). In diesen Jahren ist dieser Bahnhof ein wichtiger regionaler Knotenpunkt, der eine Weiterfahrt in verschiedene Richtungen ermöglicht. Neben diversen Bahnbuslinien gibt es einen Oberleitungsbus in Richtung Harleshausen, die zentrale Straßenbahnlinie 1 nach Wilhelmshöhe und in die Stadt und auch die Besonderheit einer Nebenbahn in Richtung Naumburg. Auch wenn das Gebäude das Flair eines Vorstadtbahnhofs hat, so sollte nicht vergessen werden, dass es einst dem Empfang hoher Gäste des letzten Kaisers diente und zuletzt im Rahmen des deutschdeutschen Treffens zwischen Bundeskanzler Willy Brandt und DDR-Ministerpräsident Willi Stoph 1970 eine zeitgeschichtliche Bedeutung erlangte. Der heutige Bau und die erweiterte Schienenführung hat jede Erinnerung an den alten Bahnhof ausgelöscht – allerdings ist „Kassel-Wilhelmshöhe" damit in den Rang eines Hauptbahnhofs für den internationalen Eisenbahnverkehr aufgerückt.

Gerne besucht waren auch die Konditorei und das Gartencafé (oben). Im Jahre 1955 – dem Datum der Aufnahme – lud die gastronomische Einrichtung Bahnreisende wie auch manch einen Bewohner zu einem mehr oder weniger längeren Verweilen ein.

„Kraftfahrer – Vorfahrt hat, wer von rechts kommt!"

Auf diesen Hinweis auf Plakaten und Transparenten stießen die Autofahrer 1956 im gesamten Stadtgebiet. Parallel dazu mussten sich die Verkehrsteilnehmer an ein neues Zeichen gewöhnen, welches mit viel Aufwand an den entsprechenden Straßen angebracht wurde. Hier ist ein Arbeiter an der Ecke Annastraße/Friedrich-Ebert-Straße mit der Montage des Schildes „Vorfahrt gewähren" befasst. In den kommenden Monaten wurden die Autofahrer noch mit einer weiteren Veränderung konfrontiert. Die seit den Besatzungsjahren gebräuchlichen schwarzen Automobilkennzeichen wurden durch die bis heute üblichen weißen ersetzt: Das „KS" ermöglichte nun eine Identifizierung der Herkunft des Fahrers im In- und Ausland. Die Errichtung der Wohnhäuser an der Friedrich-Ebert-Straße kam in diesem Jahr zu einem Abschluss. Auch wenn die Fahrschulen zu den viel frequentierten Bildungseinrichtungen in den Jahren des wachsenden Individualverkehrs zählten, so nahm auch das Beförderungsvolumen im öffentlichen Personentransportwesen zu. An der Haltestelle Annastraße hält soeben eine jener Straßenbahnen, deren Bautyp aus der Zeit vor dem Krieg stammt und in der noch beim Schaffner der Fahrschein in bar gelöst wurde.

Eine Straße zum Vorzeigen

Mit der Einweihung der Treppenstraße im November 1953 erhielt die Kasseler Innenstadt einen markanten Straßenzug, der den Scheidemannplatz mit dem Friedrichsplatz verband. Für die im Prinzip autogerechte Stadt wurde ein für Fußgänger reserviertes Areal geschaffen, das vor allem für den Einkauf und zum Bummeln dienen sollte. Konzeption und Konstruktion der Treppenstraße wurden in den Kreisen fortschrittlicher Städteund Bauplaner stark beachtet und es lässt sich auch außerhalb Kassels mit der nordhessischen Metropole assoziieren. Dafür sorgte auch die vom Photohaus Eberth gepflegte Praxis, Aufnahmen mit Motiven der neugestalteten Innenstadt als Postkarten anzubieten. Ende des Jahrzehnts vermittelte eine der fotografischen Vorlagen von der Treppenstraße den Eindruck einer vor allem kommerziell genutzten Fußgängerzone.

Funktionale Sachlichkeit

1959 hat der Fotograf seine Kamera auf der Kölnischen Straße platziert und richtet den Fokus auf den neugestalteten Scheidemannplatz. Die Fotografie vermittelt den Eindruck einer schon wieder komplett aufgebauten Stadt – allerdings hätte ein kurzer Fußweg in die umliegenden Straßen diesen Befund widerlegt. Mit dem Blick auf das EAM-Hochhaus an der Treppenstraße an den beiden Gebäuden der Kaufhauskette Neckermann vorbei, bietet die Perspektive eine fotografische Hommage an den architektonischen Zeitstil der 50er-Jahre, der – bis heute umstritten – in seiner kühlen Sachlichkeit den Wiederaufbau der Stadt geprägt hat.

Kirche in neuem Stil

Durch den Bombenkrieg wurde eine ganze Reihe von Kirchen zerstört oder in ihrer Substanz schwer geschädigt. Zu den Verlusten besonders traditionsreicher, architektonisch bedeutsamer Gotteshäuser zählten vor allem die Martinskirche, die Garnisonskirche und die Elisabethkirche. Daneben wurden Gebäude in Mitleidenschaft gezogen, die dem Kirchenbaustil des mittleren 19. Jahrhunderts und der Gründerzeit zuzuordnen sind. Neben der weitgehenden Restauration der Martinskirche folgten die Neubauten dem architektonischen Impetus der Nachkriegszeit. Zu diesen zählte vor allem die katholische Elisabethkirche, die an einem neuen Standort am Friedrichsplatz entstand. Für die protestantische Gemeinde in der Unterneustadt entstand ein Neubau in der Hafenstraße. Die Aufnahme aus dem Jahre 1953 vermittelt einen Eindruck von dem karg anmutenden Sakralstil der Jahre, der auch in den Innenräumen auf Schmuck und gefällige Repräsentation verzichtet.

Verschwundene Gebäude

Im Zuge des Wiederaufbaus sind Bauten verschwunden, deren Standorte heute nur noch mit Hilfe historischer Karten identifiziert werden können. Im Vorderen Westen verschwand die Alte Stadtkaserne, und nur noch ein Denkmalfragment erinnert in diesem Stadtbezirk an das abgetragene Bose-Palais. An der Ecke Fünffensterstraße/Obere Königsstraße geht der Blick von den Straßenbaumaßnahmen auf ein Geschäftsgebäude, das einem kompakten Neubau in jener heute als „Betonstil" kritisierten Architektur weichen musste. Dieser dient bis heute städtischen Einrichtungen, vornehmlich dem Gesundheitsamt.

Das Luisenhaus hatte schon eine wechselvolle Geschichte von einem Kurhotel zu einem Mädchenheim, als es Mitte der 60er-Jahre verschwand. Wer mit der mittlerweile auch schon historisch gewordenen Herkulesbahn vom Kirchweg über die Kohlenstraße in Richtung Herkules fuhr, erblickte an der Druseltalstraße das markante gründerzeitliche Gebäude.

Unter freiem Himmel

Im März 1951 stieß wie in den Vorjahren die Frühjahrsmesse auf dem Friedrichsplatz auf eine große Resonanz. Nach der Währungsreform 1948 war die Nachfrage vor allem nach elementaren Gebrauchsgegenständen beträchtlich gestiegen. Zwar konnten die spezialisierten Einzelhandelsgeschäfte relativ rasch wieder ein entsprechendes Warenangebot präsentieren, aber der Einkauf unter freiem Himmel – vielleicht auch unter dem Aspekt, ein „Schnäppchen" zu machen – behielt seinen Reiz und ließ die trüben Erinnerungen an die Schwarzmarktzeit vergessen. Mit gezieltem Blick für die Notwendigkeiten des Haushalts musterte die Hausfrau das Angebot an Schüsseln, Töpfen und Wannen.

Doch geht die Verbrauchsmesse schon über den zweckgebundenen Kommerz hinaus: Eine Achterbahn für das junge Publikum und Wurstbuden vermitteln bereits eine lockere Rummelplatzatmosphäre. Louis Spohr blickt von seinem Denkmal aus auf die massive Ruine des Preußischen Staatstheaters. Der Publikumsandrang ist an diesem Märztag beträchtlich. Noch fließt der eher bescheidene Autoverkehr am Friedrichsplatz vorbei. Was fehlt, ist die Überwältigung durch Reklame – das Werbeplakat einer bekannten Limonadenmarke amerikanischer Provenienz wirkt dadurch ein wenig verloren.

„Darf's etwas mehr sein?"

Lebensmittel des täglichen Bedarfs – genau für den Verbrauch abgewogen, in einfacher Verpackung und ohne Reklame: So wurde man in den 50er-Jahren in den „Tante Emma"-Läden individuell von der Chefin bedient. Die Adressbücher weisen noch viele der kleinen, oft von einer ganzen Familie in Generationenfolge betriebenen Einkaufsläden aus. Im Laufe der Jahre führte die Konkurrenz von Großhandelsketten und Selbstbedienungsgeschäften zu einem Rückgang dieser Institution, die in unserer Zeit aus Gründen verschwendungsarmer Haushaltsführung und vor allem der Umwelt wegen eine eher positive Bewertung erfahren dürfte und neben der Bedarfsdeckung auch eine nachbarliche Kommunikationsfunktion erfüllte. Man kannte sich und beantwortete die eingangs gestellte Frage gerne im positiven Sinne.

Kioskkultur

Wer in den 50er-Jahren einkaufen wollte, konnte zwar mit einem zunehmenden Produktangebot rechnen, war aber auch mit einer sehr deutschen Institution konfrontiert: den regulierten Ladenschlusszeiten. Vor allem für die wachsende Zahl alleinstehender Arbeitnehmer und Arbeitnehmerinnen galt es, bis 18 Uhr 30 in der Woche und am Samstag in der Regel bis 14 Uhr die notwendigen Einkäufe getätigt zu haben. Neben den klassischen Ladengeschäften weisen die Adressbücher dieser Jahre eine ganze Reihe von Kiosken auf, die teilweise außerhalb der regulären Öffnungszeiten zum Verkauf berechtigt waren. Ein besonders viel frequentierter Pavillon befand sich an einer privilegierten Lage in der Nähe des Hauptbahnhofs. 1956 entstand die Aufnahme mit dem Blick auf das traditionsreiche Hotel Reiss. Im architektonischen Stil der Zeit errichtet, bot er ein beeindruckend vielfältiges Angebot von Südfrüchten bis zu aktuellen Presseerzeugnissen. Neben der Dienstleistung für den eiligen Konsumenten kam aber auch das Gespräch über das alltägliche Allerlei nicht zu kurz.

Alles unter einem Dach ...

Die auf ein breites, nicht spezialisiertes Angebot ausgerichteten Warenhäuser sind seit dem Beginn des 20. Jahrhunderts auch in Deutschland anzutreffen. In Kassel gehörte das Kaufhaus Tietz zu den ersten Häusern am Platz, das nach der „Arisierung" unter dem Namen Kaufhof weiterbetrieben wurde. Nach 1945 fanden auch andere Kaufhausketten ihren Weg nach Nordhessen. Einen legendären Ruf kann Neckermann zugeschrieben werden: Der Name bleibt wie Volkswagen, Photo Porst oder Grundig als Synonym für das Wirtschaftswunder im kollektiven Gedächtnis. Neben der Präsenz der Unternehmung zuerst am Scheidemannplatz (oben), später am Standort der zerstörten Hauptpost am Königsplatz wurde ein Großteil des Umsatzes durch den Postversand erzielt.

Ob allerdings diese Fotografie aus dem Jahre 1959 tatsächlich bei Neckermann entstand, ist nicht mehr ermittelbar. Auch im Kaufhof oder dem Kasseler Familienkaufhaus hätte dieses Dokument des vollentfalteten Massenkonsums entstehen können. Gerade die Weihnachtszeit, in der sich hier die Kunden an den Verkaufstischen drängen, ist in diesen Jahren zunehmend zu einem zentralen Zeitraum des Umsatzes geworden – trotz mancher schon lauter werdenden Kritik an Wohlstand und Konsum.

Einkauf wie in Amerika

Die Geschichte der Großhandelsketten in Deutschland lässt sich bis in die letzten Jahrhunderts des 19. Jahrhunderts zurückverfolgen. Ihre marktbeherrschende Position eroberten sie aber erst nach dem Zweiten Weltkrieg. Das vielberufene Wirtschaftswunder mit seinen verschiedenen Konsumwellen begann mit einer Nachfrage nach hochwertigen und vor allem vielfältigen Lebensmitteln. Neben einer günstigen Preisgestaltung erweiterte sich das Angebot auch an damals „exotisch" geltenden Produkten: die Ananas für den „Toast Hawaii" oder der Pizzateig für einen häuslichen Versuch, italienische Küche nicht nur im Urlaub zu genießen. Der Blick in eine neueröffnete Filiale der weitverbreiteten Tengelmann-Kette in der Mauerstraße dokumentiert eine weitere Dimension des Einkaufs: die Selbstbedienung, die zwar anonymer, für die eilige Hausfrau aber rationeller, ein wenig „amerikanisches Konsumgefühl" (so ein Zeitungsbericht) in den Kasseler Alltag brachte.

Mehr Licht

Nicht ganz ernst gemeint, teilt man die Konsum-
geschichte des westlichen Deutschlands in verschiedene Wellen ein. Den Anfang machte die
„Fresswelle", die sicher auf das zuerst zu befriedi-
gende Bedürfnis hinweist: die Überwindung von
Hunger und Mangelernährung. Mit wachsenden
Einkommen folgte der Wunsch, die häusliche
Umgebung im Sinne familiärer Gemütlichkeit zu
verbessern – vorausgesetzt, der entsprechende
Wohnraum war gefunden. Die Innenarchitektur
der Jahre orientierte sich an Vorkriegsmustern,
hie und da durch kleine Nettigkeiten aufgelo-
ckert: der Gummibaum, die Bambuswand mit
Pflanzenranken oder der für diese Kulturepoche
sprichwörtlich gewordenen Nierentisch fanden
Einzug in die gute Stube. Für den Abend aber,
der zumeist in der Familie verbracht wurde,
stellte sich die Frage nach einer angemessenen,
stilgerechten und erschwinglichen Beleuchtung.
Hier vermochte die Firma Cl. Bergmann Abhilfe
zu schaffen. 1954 eröffnete sie in einem Neubau
modernster Architektur in der Bahnhofstraße ihre
Pforten. Die geladenen Gäste fanden sich unter
einem wahren Lampenhimmel ein und konnten
unter einer unüberschaubaren Fülle diverser For-
men die geeignete Leuchte für das traute Heim
erwerben.

Wie im Klischee

Das Schlosshotel Wilhelmshöhe konnte über Jahrzehnte hinweg seinen Ruf als „erstes Haus am Platz" für ein gesellschaftlich gehobenes Publikum verteidigen. Nach der Wiedereröffnung wuchs es erneut in seine alte Rolle hinein. Mitte des Jahrzehnts nahm Photo Eberth die Gelegenheit wahr und verewigte die neugestalteten Innenräume auf Zelluloid. Der Blick in einen der Aufenthaltsräume ist zugleich ein Blick in eine verschwundene Moderne. Die Aufnahme wirkt wie ein zeitgenössischer Möbelkatalog ohne störendes Publikum. In der Tat fehlt hier keines der Versatzstücke, die uns Nachgeborenen als typische Beispiele des 50er-Jahre-Stils erscheinen. Der legendäre Nierentisch fällt sofort ins Auge, Lampen einerseits funktional, daneben ein wenig verspielt, die Sessel nicht mehr altväterlich kompakt, ein diskreter Spiegel am Rande und eine erstaunliche Fülle von Begrünung – in diversen Vasen und der obligatorischen Stehvase leicht chinoiser Anmutung. Was wir hinzudenken müssen, ist die etwas überzogene Buntheit der Tapeten und eben das Publikum, das sich hier wohlfühlen darf.

Alter Stern in neuem Glanz

Zu den beliebten Quizspielen unter Jungen zählte in diesen Jahren das Raten von Automarken. Die wachsende Nachfrage von „fahrbaren Unter-sätzen" führte zu einer Fülle von Typen und Produkten, die im Laufe der Zeit durch Marktbereinigung wieder verschwinden sollten. Automobile wie der DKW und die Borgward-Serie vom Lloyd bis zur Isabella konnten sich auf die Dauer nicht gegenüber den klassischen Anbietern wie Opel und Ford und ganz besonders dem zentralen Symbol des Wirtschaftswunders, dem VW, behaupten. Neben dem Gebrauchswert wurde das Automobil auch Objekt des sozialen Prestiges. Ein Blick in die Kasseler Dependance des Automobilproduzenten Daimler-Benz macht dies deutlich. Wenige Jahre nach dem Krieg hat die Firma ihren Ruf als Produzent einer auch preislich gehobenen Fahrzeugklasse wiedererlangt. 1955 konnte der Interessent zwischen repräsentativen Geschäftswagen, aber auch sportlich-schnittigen Cabriolets wählen. Der Stern aus Untertürkheim glänzte auch nach 1945 unbeschädigt. Immerhin schien der Verkäufer mit einem sozial gehobenen Kundenkreis zu rechnen – in Wagen der Volksklasse stieg man nicht über Orientteppiche ein.

Qualität nach Quantität

Zugegeben, dieser fotografische Blick auf ein Büffet edler kalter Platten spiegelt nicht die tägliche Ernährungspraxis wider, sondern wurde 1955 am Rande einer offiziellen Veranstaltung eingefangen (oben). Allerdings bedeutete die viel geschmähte „Fresswelle" nicht nur eine Optimierung der Kalorienzufuhr, sondern auch ein zunehmendes Interesse an der Nahrungsqualität. Im Laufe des Jahrzehnts fand auch die „fremde Küche" wachsende Beachtung. Mit den ersten Gastarbeitern aus Italien etablierte sich manch eine nur in den Ferien genossene Spezialität auch im deutschen Alltag. Und die Lust am Experiment ließ eine Kreation wie der Hawaii-Toast auch für Weckewerk gewohnte Zungen akzeptabel erscheinen: Mit der obligaten Ananas-Scheibe gelangte ein Stück kulinarischer Exotik auf den Tisch. Trotzdem, im täglichen Verzehr und auch in den Werkskantinen dominierte die altbewährte Hausmannskost.

Wer sich entschloss, zu besonderen Anlässen eines der gehobenen Restaurants zu besuchen, konnte sicher sein, in einer gediegenen Atmosphäre von einem geschulten Fachpersonal bedient zu werden (unten).

Genuss ohne Reue

Zu den bemerkenswertesten Veränderungen im Alltagsleben der letzten Jahrzehnte zählt die zunehmende Ächtung des Rauchens. Während unmittelbar nach dem Krieg die Zigarette vor allem amerikanischer Herkunft das begehrte Zahlungs- und Tauschmittel war, avancierte der „blaue Dunst" in den Jahren wachsenden Wohlstands zu einem Bestandteil moderner Lebensart. Die lässig gerauchte Zigarette gehörte zum Erkennungszeichen der in jener Zeit sich existentialistisch gebenden Intellektuellen, während der finanziell erfolgreiche Bürger nach dem Vorbild des Wirtschaftsministers Ludwig Erhard die Zigarre bevorzugte. Sowohl in Cafés oder Filmtheatern: Eine mobile Zigarettenfrau – wie in einer Aufnahme aus dem Jahre 1958 – bot den Gästen die gewünschten Waren an. Die Fülle der Zigarettenmarken – hier „Overstolz am Rhein" – entsprach einer allgegenwärtigen, auch durch Prominente transportierten Werbung im Straßenbild und im Kino. Gesundheitliche Einwände waren zwar schon in der Diskussion, auch nach 1955 befassten sich die Illustrierten allerdings noch mit Fragen wie: Soll und darf eine Frau rauchen und wenn ja, auch in der Öffentlichkeit?

Des Lebens Überfluss

In den 50er-Jahren setzte die Diskussion über die demografische Entwicklung des Landes ein, wobei die kriegsbedingten Verluste der produkti-ven männlichen Jahrgänge in erster Linie in den Fokus der Aufmerksamkeit gerieten. Die rasche Erholung und Expansion der Wirtschaft führte einerseits zu einer verstärkten Nachfrage nach Arbeitskräften, andererseits aber auch zu optimistischen Einschätzungen einer soliden Renten- und Pensionsentwicklung für die Zukunft. Zwar wuchs die Lebenserwartung, aber die Feier einer „Goldenen Hochzeit" war doch eher selten. Am Rande eines solchen Jubiläums entstand die vorliegende Fotografie. Oberbürgermeister Lauritz Lauritzen hat es sich 1957 nicht nehmen lassen, das rüstig wirkende Jubelpaar in dessen gediegenem Wohnzimmer aufzusuchen. Ein Blick in den Präsentkorb vermittelt einen Eindruck von der schon reich-haltigen Warenwelt der Jahre. Auch wenn es um die wirtschaftliche Situation vieler Rentner in diesen Jahren eher karg bestellt war, so scheint die Handbewegung der Jubilarin schon ein Motto vorwegzunehmen, das zehn Jahre später sprichwörtlich werden sollte: Maßhalten.

Wachsende Demografie

Mit knapp über 71 000 war die Einwohnerzahl Kassels am Kriegende auf einen historischen Tiefpunkt gesunken. Nach der Wiederkehr von Evakuierten und dem Zuzug auch von Heimatvertriebenen aus den – wie es in der Zeit hieß – „Gebieten unter polnischer und sowjetischer Verwaltung" wurde seit Mitte der 50er-Jahre das Erreichen der 200 000er-Marke erwartet. Am 21. August 1957 war es so weit: Die Statistiker der Stadt konnten Oberbürgermeister Lauritz Lauritzen an das Wochenbett einer ebenso glücklichen wie überraschten Mutter schicken. Neben dem obligatorischen Blumenstrauß erwartete sie und ihre Familie eine von einer Kasseler Tageszeitung gestiftete Ferienreise, die ein Jahr später mit dem Sohn angetreten wurde.

Reiselust

Nach den zwangsweisen Ortsveränderungen im Krieg und in der Nachkriegszeit war die unbeschwerte Reiselust erst in der Mitte der 50er-Jahre wieder voll entbrannt. Anfangs noch eine Frage des Geldbeutels, setzten Reisebüros auf Pauschalangebote für Familien, und die Produzenten von Campingwagen machten erste bescheidene, aber wachsenden Umsätze. Trotz der Zunahme des Individualverkehrs blieb allerdings die Bahn das bevorzugte Reisemittel der Mehrheit der Bevölkerung. Mitte des Jahrzehnts hat sich eine Menschenmenge zur Verabschiedung eines Personenzuges am Kasseler Hauptbahnhof eingefunden, dessen Bestimmungsort der Fotograf uns nicht mitgeteilt hat. Die Reiseziele waren in diesen Jahren vornehmlich Orte in der neu entstandenen Bundesrepublik. Die klassischen Touristikländer wie Italien und Österreich konnten zwar wieder besucht werden, allerdings schränkten die bis 1958 bestehenden Devisenbeschränkungen den finanziellen Rahmen noch stark ein. Für die Jugend ermöglichten die einschlägigen politischen und gesellschaftlichen Organisationen Gruppenreisen, die angesichts des zeitlich noch nahen Kriegsendes auf die Förderung eines europäischen Friedensgedankens zielten. Ein Jahrzehnt später hatte der Tourismus weite Teile der Welt für den Wohlstandsbürger erschlossen und war zu einem wichtigen Wirtschaftsfaktor geworden.

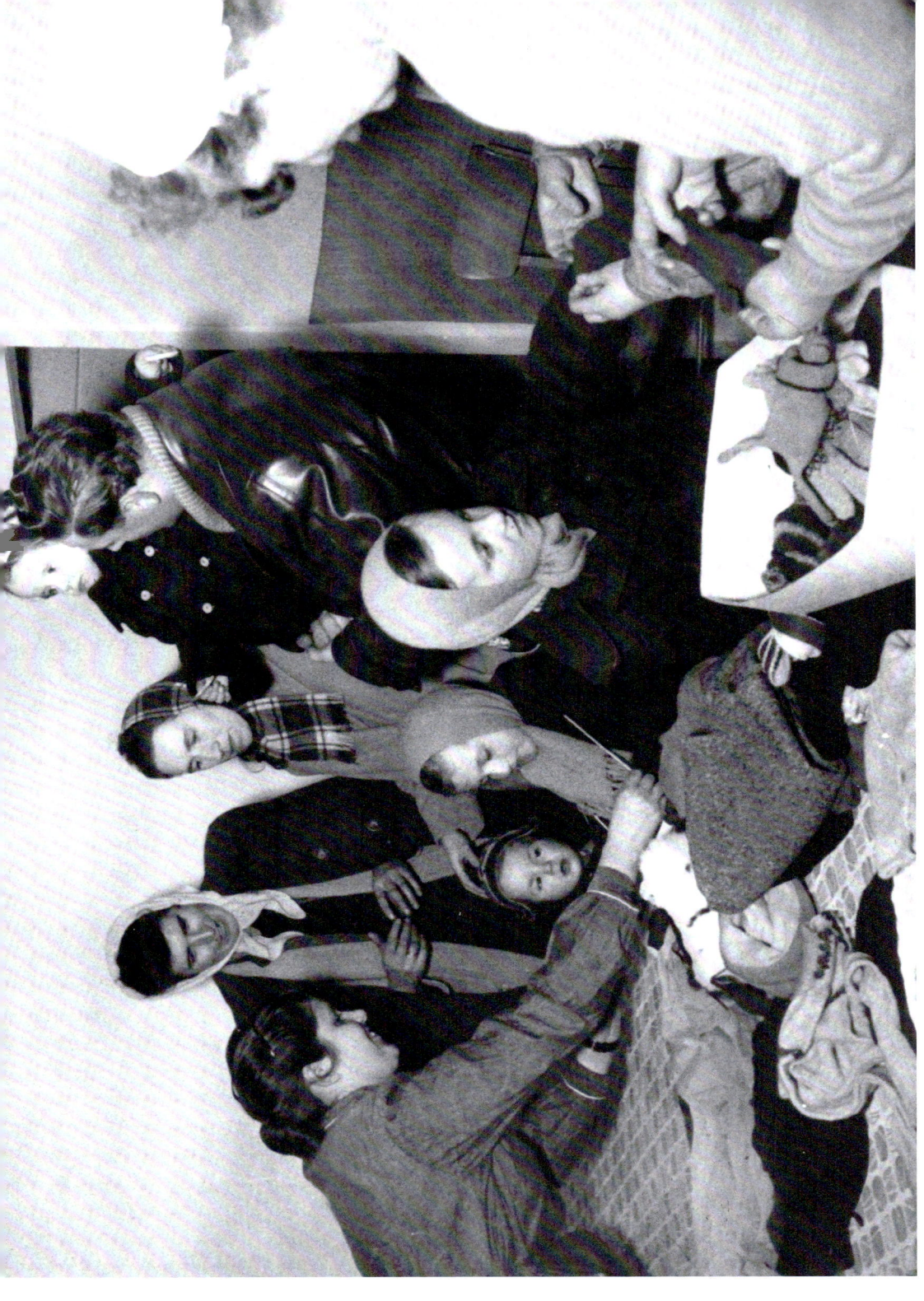

Wirtschaftswunder?

Die 50er-Jahre sind als die Zeit des Wirtschaftswunders in das kollektive Gedächtnis eingegangen. Im Blick auf das ganze Jahrzehnt erweist sich dies als allzu positives Klischee. Erst die späten Jahre des Jahrzehnts kommen dem nahe, was später als Wohlstandsgesellschaft verklärt wurde. Gegenüber der programmatischen Forderung „Wohlstand für alle" (so der Titel eines Bestsellers des langjährigen Bundeswirtschaftsministers Ludwig Erhard) bot ein Blick in die Realität oftmals ein anderes Bild. Die Eingliederung der Heimatvertriebenen, die große Zahl von Ostzonenflüchtlingen, aber auch die Lage von Kriegsopfern, Witwen und Waisen bedeutete eine große sozialpolitische Herausforderung, die ohne das Engagement von Freiwilligen nicht zu leisten war. Die Fotografie aus der Mitte des Jahrzehnts vermittelt einen Einblick in die notwendige karitative Arbeit. Vom Roten Kreuz betreut, wird gespendete Winterkleidung an „Bedürftige", wie es in der Sprache der Zeit hieß, ausgegeben.

Jugend zwischen Schule und Freizeit

Spielplatz

Stand für Architekten und Bauherren in erster Linie die Sorge um eine optimale quantitative Steigerung von Wohnraum im Mittelpunkt der Aktivitäten, so mussten auch qualitative Erwägungen ins Blickfeld rücken. Vor allem in neu errichteten Siedlungen war auf die vermehrte Kinderschar Rücksicht zu nehmen. So entstand eine Reihe von Spielplätzen, die von Sandkästen bis hin zu Schaukeln, Rutschen und Kletterwänden Möglichkeiten zu Spiel und Spaß boten. Wo die Aufnahme aus dem Jahre 1958 genau entstand, ist nicht überliefert. Sie vermittelt aber einen Eindruck vom Standard der „metallischen Spielkameraden", die man quer über das Stadtgebiet antreffen konnte. Auch dürfte die Spielfreude der doch beträchtlichen Anzahl tummelnder Kinder an allen Standorten gleich gewesen sein.

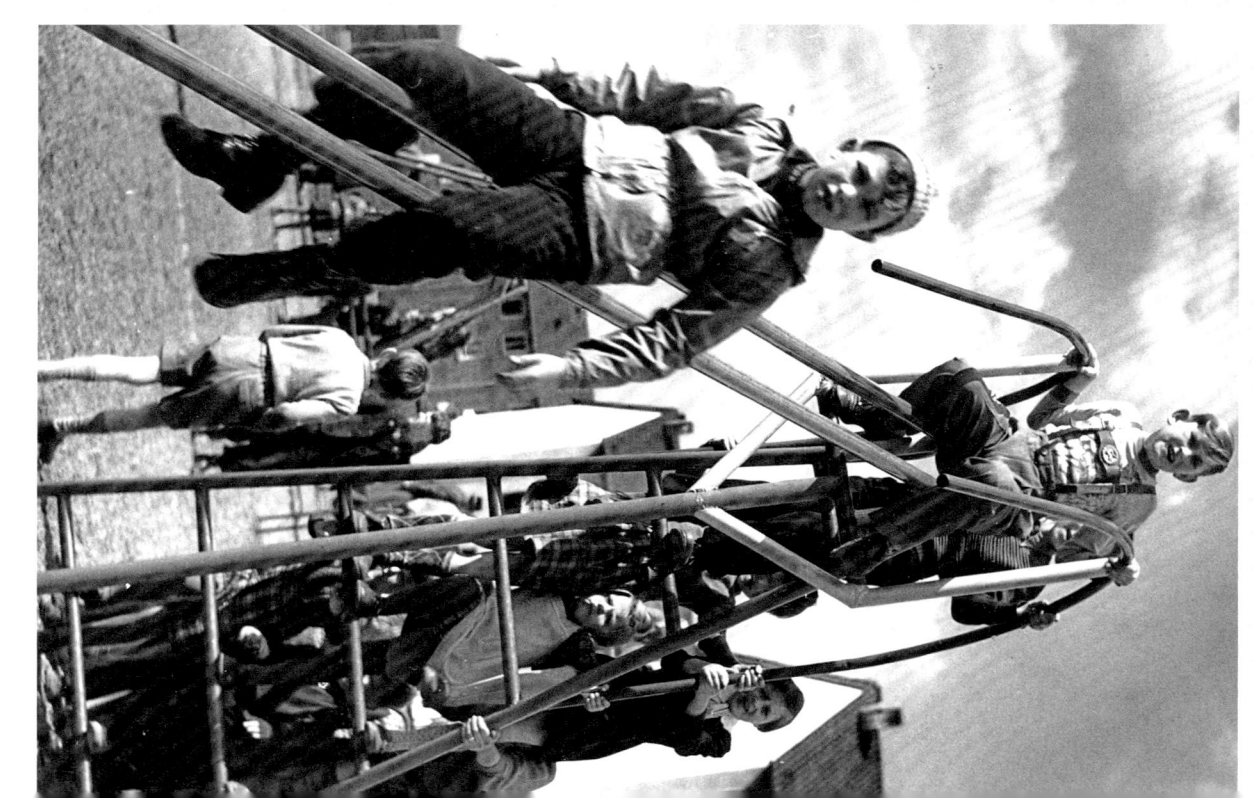

Blick in den Unterricht

Das Schulsystem der Bundesrepublik stand in den Anfangsjahren nach wie vor in der Tradition der Dreigliedrigkeit von Volksschule, Realschule und Gymnasium. In welcher Schule welchen Schultyps die Aufnahme aus dem Jahre 1956 entstand, ist uns leider nicht überliefert. Allerdings dürfte der Fotograf eine wohl typische Szene des Unterrichts dieser Zeit eingefangen haben. Die Blumen auf den Schulbänken lassen vermuten, dass wir einer Biologiestunde beiwohnen. Die Koedukation ist hier schon vollzogen: Mädchen und Jungen werden, wenn auch im Klassenzimmer separiert, vom Lehrer im damals üblichen „Frontalunterricht" unterrichtet.

Die Kleidung der Jungen folgt den gängigen altersbezogenen Mustern. Die kurze Lederhose mit gemusterten Kniestümpfen zählte zur Grundausstattung in dieser Lebensphase. Die Knickerbocker dagegen gehörte schon zu den aussterbenden, allzu schnieke wirkenden Bekleidungsstücken. Die Schultaschen entsprechen dem Standardtyp und ähneln schon den Aktentaschen der Angestellten und Beamten – wobei der indiskrete Blick in eine geöffnete Tasche eine schwer zu durchschauende Pennälerordnung erkennen lässt. Ob die Konzentration der Schülerinnen und Schüler dem Lehrstoff oder der Anwesenheit des Fotografen geschuldet ist, wissen wir nicht.

Schule – nicht nur ernst

Nicht für die Schule – sondern für das Leben lernen wir. Dieser Satz hat viele Schülergenerationen begleitet und mannigfaltige positive wie negative Erinnerungen hinterlassen. Sicher gehören dazu manche unliebsame Erfahrungen mit der „Paukschule" älterer Herkunft. Allerdings waren die 50er auch Jahre, in denen die verschollenen Traditionen der Reformpädagogik wieder zur Geltung kamen. Die 1955 in Kassel gegründete Herder-Schule etwa stellte sich ausdrücklich in diese Tradition. Eine Erfahrung jenseits des schulischen Alltags vermittelt die Ende des Jahrzehnts aufgenommene Fotografie. An einer nicht genannten Mädchenschule haben sich während eines Schulfestes die Schülerinnen zu einer maskenreichen Aufführung mit Sang und Klang zusammengefunden. Die fantasiereiche Gestaltung der Kostüme und Vermummungen und der enthusiastische Einsatz lassen auf einen Kunst- und Werkunterricht schließen, der keines pädagogischen Zwanges bedurfte.

Wandertag

Zu den Gepflogenheiten schulischer Erziehung zählte auch die Einrichtung des Wandertags. Für einen Tag konnte man die schulischen Pflichten hinter sich lassen und unter der Aufsicht des Klassenlehrers einen Treffpunkt in der freien Natur aufsuchen. Traditionell beliebt war eine Fuldafahrt mit dem Dampfer Elsa zur „Grauen Katze", aber auch Zielpunkte im weiten Bereich des Bergparks Wilhelmshöhe und des Habichtswaldes lohnten immer wieder einen Besuch. Mitte der 50er-Jahre haben sich einige Jungen auf markanten Steinformationen niedergelassen. Da eine dieser Naturplastiken eine auffällige Ähnlichkeit mit einem bekannten Borstenvieh hatte, gab der Volksmund dem Ort den Namen „Steinernes Schweinchen". In der Nähe eines noch lange betriebenen Steinbruchs bestand seit Ende des 19. Jahrhunderts an dieser Stelle eine Postkutschenstation, die später zu einem beliebten Ausflugslokal ausgebaut wurde. Nach dem Fußmarsch ist hier wohl dafür gesorgt, dass mit der Einkehr in einer Gastwirtschaft der Wandertag zu einem sehnlichst erwarteten Abschluss kommt.

Pionierinnen der Mädchenbildung

Mit der Gründung einer „Töchterschule" in der Mauerstraße 1855 begann in Kassel die Geschichte der schulischen Mädchenbildung. Seit 1906 erhielt die Stadt mit der Luisenschule eine Institution, deren moderne Ausstattung auch im naturwissenschaftlichen und künstlerischen Unterricht Mädchen bis zum 15. Lebensjahr ein dem Standard der Zeit beachtliches, bald weit akzeptiertes Angebot im Bereich der Mittelschulbildung bot. Auch wenn die klassische weibliche Karriere mit dem Endziel der Ehe noch nicht in Frage gestellt wurde, so ermöglichte die Solidität der Ausbildung doch den Eintritt in Berufe von Büro und Verwaltung oder in jene Beschäftigungsfelder, die in der bürgerlichen Frauenbewegung als „Berufe der organisierten Mütterlichkeit" bezeichnet wurden: etwa Krankenschwester oder Kindergärtnerin. Nach der Zerstörung des Gebäudes konnte bereits 1952 der Schulbetrieb wieder in intaktem Rahmen aufgenommen werden. In dem wiederhergestellten Schulgebäude trafen sich 1955 aus Anlass einer Veranstaltung „100 Jahre Mädchenbildung in Kassel" in Ehren ergraute Absolventinnen der Luisenschule zu einem nostalgischen Erfahrungsaustausch. 1979 erfolgte der für eine Mädchenschule fundamentale Umbruch: Die ersten Jungen tauchten auf.

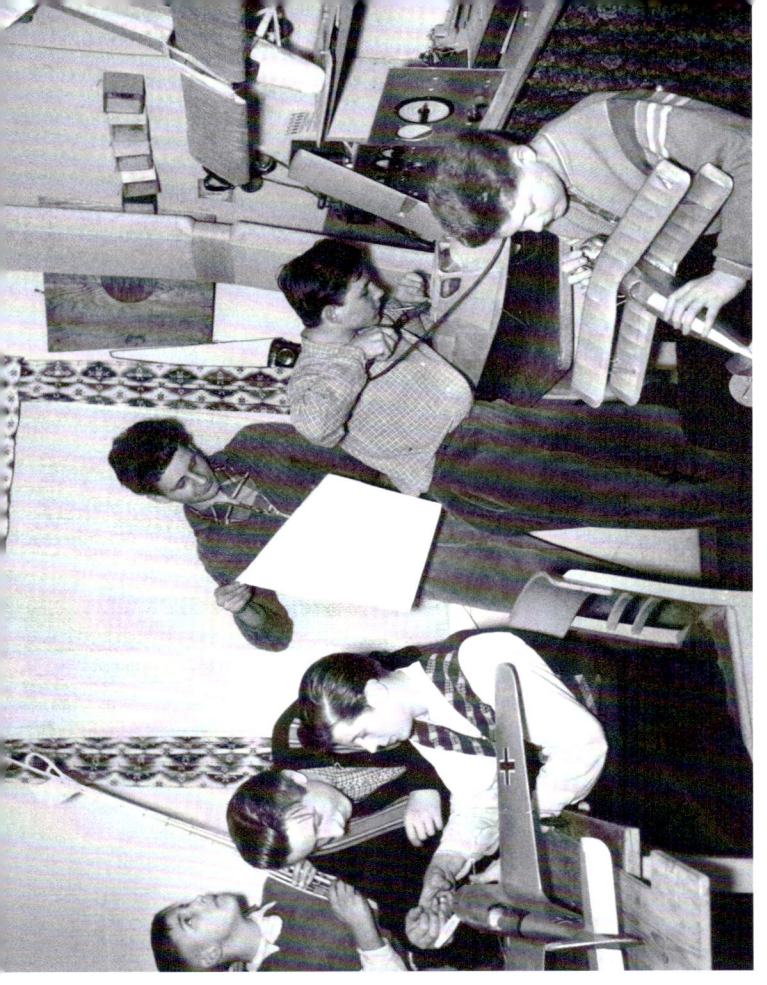

„Sport, Spiel, Spannung"

Unter diesem Titel begann das Fernsehen 1959 mit einer monatlich ausgestrahlten Sendung, die auf die Interessen der Jugendlichen in der Lebenszeit zwischen Schulabschluss und Lehre oder Abitur zielte. Allerdings vermittelte das neue Medium in erster Linie die Freizeitorientierung der männlichen Jugend, und die bezog sich neben dem Sport auf wissenschaftliche Innovationen und dennoch optimistisch bewerteten technischen Fortschritt. Die beiden Fotografien aus den Jahren 1955 und 1957 vermitteln einen Eindruck von der großen Resonanz des „Bastelns" – der Freude „en miniature" technische Objekte nachbauen zu können. Die Gruppe der Flugzeugfreunde ist mit der Endfertigung einer Reihe von Modellen beschäftigt – vorsichtig wird gelötet und ein letzter Blick auf den Schaltplan geworfen. Unter den Geburtstags- und Weihnachtswünschen stand allerdings die Modelleisenbahn an erster Stelle. Aufbau und Pflege erwiesen sich als eine gerne akzeptierte Beschäftigung ohne Ende, die oftmals bis in das Erwachsenenalter fortgesetzt wurde.

Auf unserer Aufnahme ist eine Anlage mit kühner Bergkonstruktion in ein bürgerliches Wohnzimmer versetzt worden und der Kenner sieht, dass die damals fast weltanschauliche Frage: „Märklin, Trix oder Fleischmann?" eine Antwort gefunden hat.

Bühne frei für die Jugend

„Das Heranführen der Jugend an die Kultur ist eine der wichtigsten Aufgaben pädagogischen Handelns" – so lesen wir in einer „Handreichung" für Lehrer in „Volks- und Mittelschulen und Gymnasien" aus dem Jahre 1956. Zwei Beispiele der erzieherischen Umsetzung des Programms sind auf den beiden Fotografien dokumentiert. Eine Grundschulklasse ist mit dem Einstudieren einer Schuloper beschäftigt. Wir wissen nicht, welches Werk aus der in jenen Jahren in reicher Fülle verfassten Stücke hier zur Aufführung kommen soll. Zumeist gelangten Themen auf die Bühne, die dem unmittelbaren Erfahrungsbereich der Kinder entstammten. Hier wird mit der notwendigen Konzentration unter der kritischen Leitung der Lehrerin eine Einkaufsszene geprobt.

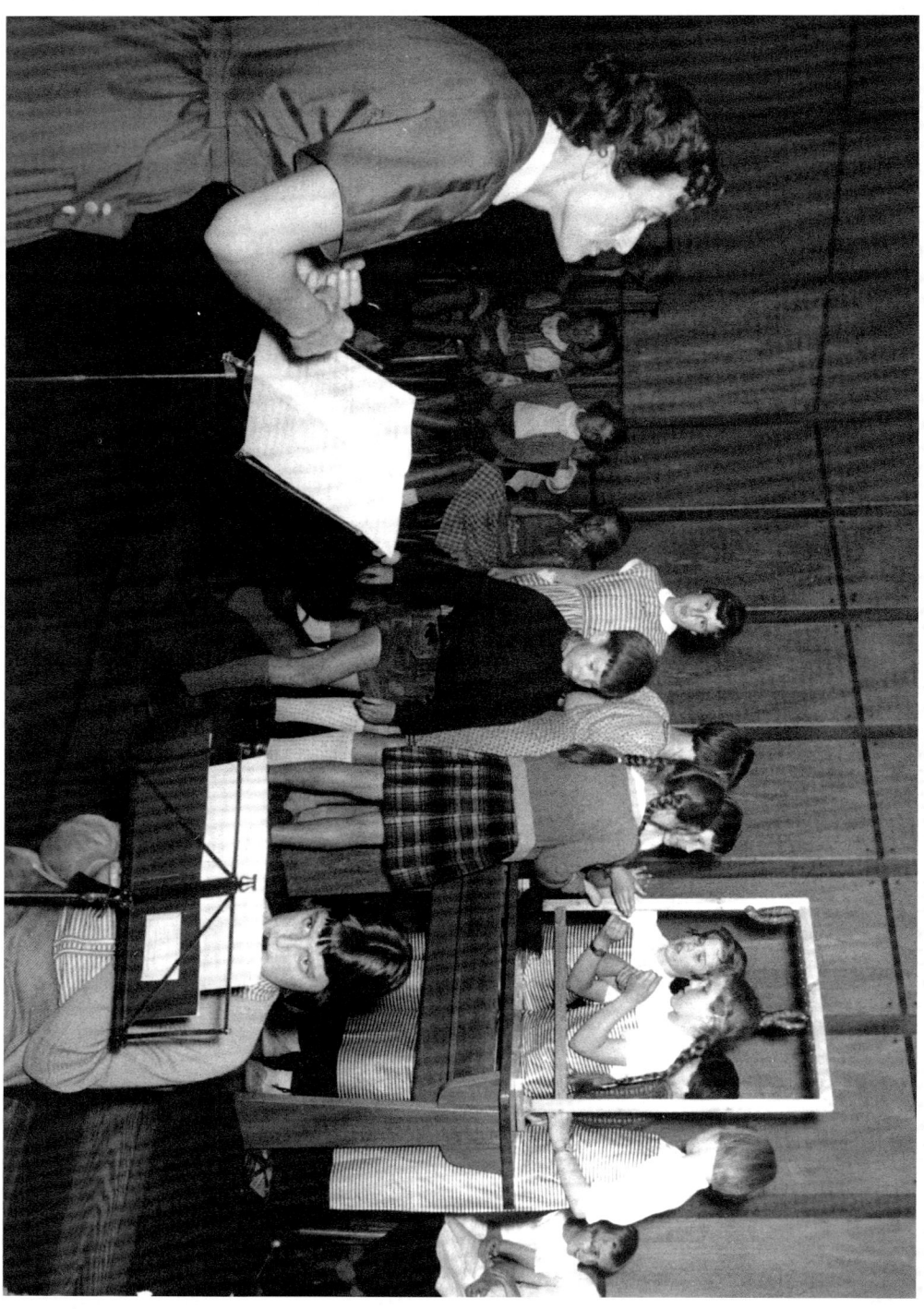

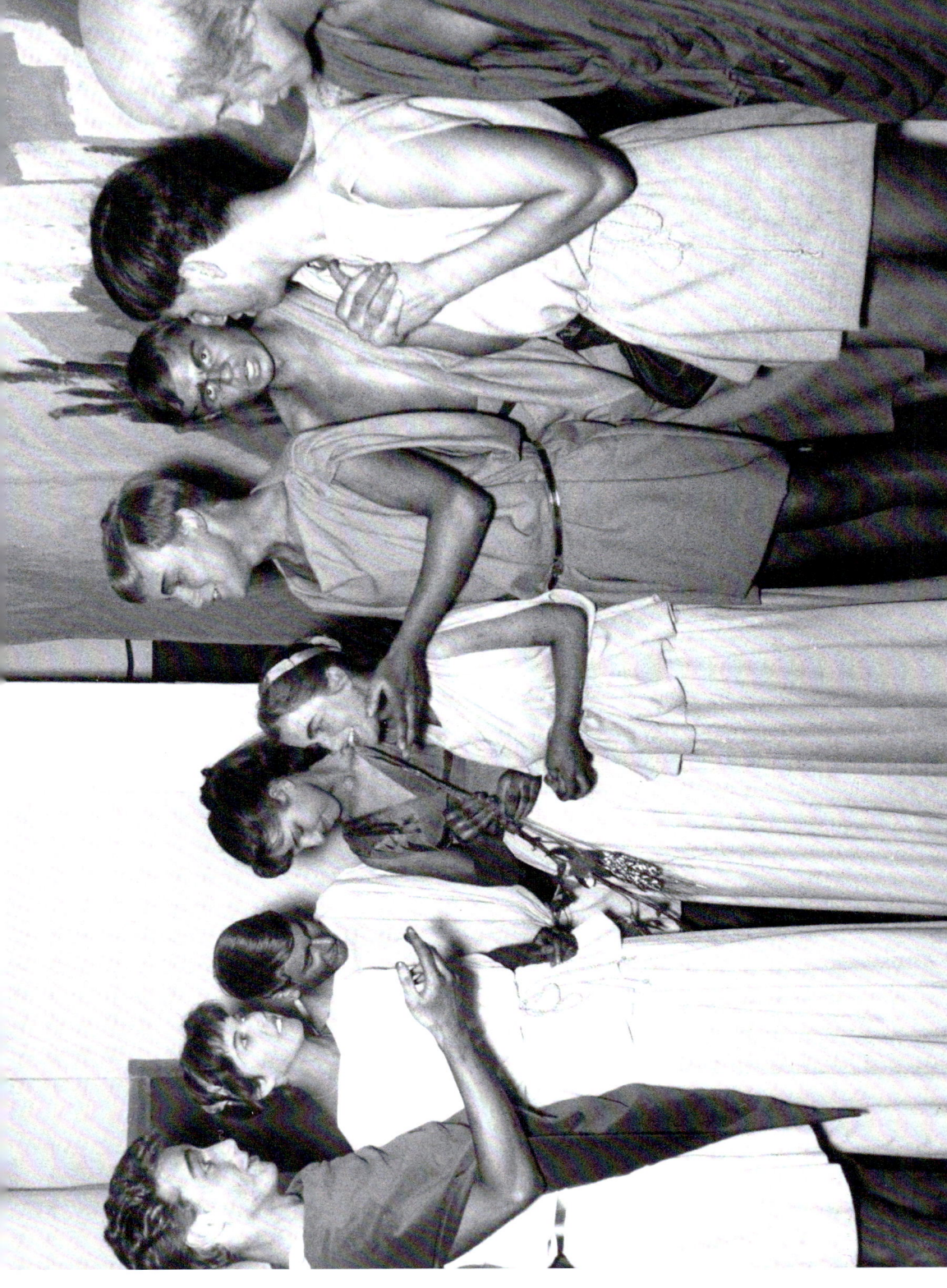

Dagegen bewegen wir uns mit der zweiten Aufnahme in antiken Bahnen. Ob vor oder oder nach der Aufführung: Die Freude an Verkleidung und Maskerade ist unübersehbar. In jenen Jahren waren mit Latein und zum Teil Griechisch noch Traditionen der „humanistischen Bildung" lebendig. Ab und zu wurde das Wagnis gestartet, die „toten Sprachen" durch die Aufführung eines Stückes in der Originalsprache diese zum Klingen zu bringen. Leider sind uns weder Ort der Aufführung, noch Titel des Stückes überliefert – wir hoffen, dass der Erfolg die Mühen gelohnt hat.

Musik – populär und ernst

„Wo meine Sonne scheint", so lautete der Refrain eines der beliebtesten Schlager des Jahres 1957. Ob das junge Mädchen gerade diesen von Caterina Valente gesungenen Titel in dem Radiogeschäft Müller in der Friedrich-Ebert-Straße anhört, können wir aus der Fotografie leider nicht entnehmen. In Umfragen unter Jugendlichen wurde das Hören von Popularmusik neben dem Kinobesuch als eine der Lieblingsbeschäftigungen in der Freizeit genannt. Die angebotenen Radiogeräte mit eingebautem Plattenspieler – oftmals von der Wirtschaftswunder-Marke Grundig – waren aber preislich für Lehrlinge und Schüler erst nach erheblichen Sparleistungen erschwinglich. So blieb es oft bei dem Anhören des neuesten Hits in einem der verschiedenen Geschäfte der expandierenden Unterhaltungsindustrie.

Daneben fand vor allem an den Schulen eine Pflege traditionel-
ler Musikausübung statt. Unter den kritischen Augen – aber vor
allem Ohren – des Kollegiums der Wilhelmsschule beginnt ein
konzentriert wirkender junger Pianist mit dem Spiel der Sonatine
von Béla Bartók. Es erklingt das Stück eines Komponisten, der für
manchen konservativen Konzertgänger im Jahr 1957, aus dem
die Fotografie stammt, noch als „Neutöner" galt. Die Wilhelmsschule hatte vor allem durch ihr Schulorchester einen hervorra-
genden Ruf erworben, der sich in regelmäßigen Konzerten in der
Stadthalle festigte.

Tanz in die Reifejahre

1956 erschien das „Buch der Etikette", das als eine Art Sittenspiegel der frühen Bundesrepublik in die Geschichte eingehen sollte. Eine der Mitautoren, die stellvertretende Protokollchefin des Auswärtigen Amtes in Bonn, Erica Pappritz (1893–1972), gab darin die notwendigen Hinweise für ein angemessenes Verhalten in allen Lebenslagen für eine eher nüchtern-ökonomisch geprägte Republik. Die Empfehlungen orientierten sich an bereits eingeführten Institutionen und Konventionen – wobei für die Heranwachsenden nach wie vor die Tanzstunde als hervorragende Möglichkeit angesehen wurde, stilgerechtes Betragen einzuüben. In der Tat bedeutete für eine vornehmlich bürgerliche Jugend die Teilnahme an der Tanzstunde einen wichtigen Schritt in das Erwachsenenleben. Auf der Aufnahme ist einer der bekanntesten Tanzlehrer Kassels, Carl Riebicke, mit Engagement bestrebt, die gängigen Gesellschaftstänze zu vermitteln und fast nebenbei für die Befolgung der Pappritz'schen Etikette zu werben. Noch folgt der Tanz definierten Regeln, wenngleich sich schon aus dem noch fernen Amerika mit Rock ‚n' Roll eine Anarchie der Bewegung ankündigt. Doch auf den prachtvollen Abschlussball wollte auch der Liebhaber neuer Rhythmen nicht verzichten.

Be-swingt in die Ehe

Die Jahre nach 1955 zeigten einen nicht abreißenden Trend zur Ehe. Nicht nur die verbesserten Einkommensverhältnisse, auch der langsam, aber stetig wachsende Wohnraum ermöglichte die Gründung einer Familie mit dem statistisch ermittelten Wunsch nach wenigstens zwei Kindern. Vor der kirchlichen Trauung, die in den 50er-Jahren noch die Regel war, stand der Gang zum Standesamt. Auf der Fotografie aus der Mitte des Jahrzehnts wird ein junges Paar vor dem Rathaus nach dem amtlichen Akt musikalisch begrüßt. Nicht mit Männerchorgesang oder einem Blasorchester, sondern mit einem Ensemble, das auf die Präsentation von etwas Jazzigem schließen lässt. Die dem Jazz zugeschriebene urbane Leichtigkeit und Coolness erlangte vor allem in jüngeren akademischen Milieus zunehmende Beliebtheit. Was die jungen Musiker spielten, ist nicht überliefert – vielleicht eine moderne Note zu einem alten Brauch: Mendelssohns Hochzeitsmarsch „verswingt"?

Die Schatten des Krieges

Bis in die 60er-Jahre hinein gehörten Suchmeldungen zum regelmäßigen Service im Rundfunk. Die Zuhörer wurden um Mithilfe nach verschollenen Angehörigen aus den ehemaligen Ostgebieten, aber auch nach der noch beträchtlichen Anzahl vermisster Soldaten gebeten. Da nahezu jede Familie von den Folgen des Krieges betroffen war, blieb die Problematik ein Gesprächsstoff im Alltag. Vor allem die Lage der Kriegsgefangenen in der Sowjetunion war bis zur Aufnahme diplomatischer Beziehungen 1955 ein Thema, das die ganze Republik bewegte. Auf einer Veranstaltung vor dem Rathaus weisen Demonstranten auf die noch ungeklärten Schicksale im geteilten Land hin und treffen auf eine große Resonanz der Bevölkerung.

Die Gegenwart des Krieges

Der „Bund der Kriegs- und Zivilbeschädig-
ten, Sozialrentner und Hinterbliebenen", kurz
VDK, war nach 1945 aus diversen Selbst-
hilfeorganisationen hervorgegangen und
gab schon mit der Nennung des Personen-
kreises einen Hinweis auf die gewichtigen
Aufgaben, die sich diese Organisation als
Vertreterin der Interessen der Geschädigten
des Krieges gestellt hat. Ein Treffen dieses
mitgliederstarken Verbandes in der rege
besuchten Stadthalle konnte somit überre-
gionale Aufmerksamkeit beanspruchen. Im
Zentrum der Aktivitäten standen die Fragen
sozialer Absicherung von Kriegsopfern und
ihrer Angehörigen in einer Zeit wachsenden Wohlstandes, aber auch das Gedenken
an die Schrecken des nur wenige Jahre zu-
rückliegenden Krieges. Mag die militärische
Szene auf dem aufgehängten Transparent
heute ein wenig Landser-mäßig dramatisch
wirken, so ist die betitelnde Frage „Vergessen?" sicher berechtigt. Im Laufe der Jahre
mehrten sich die Warnungen, die Erinnerungen an Zerstörung und Gewalt allzu schnell
zugunsten einer Flucht in den Konsum zu ver-
drängen – eines Konsums, für dessen gerech-
tere Verteilung zugunsten der Kriegsopfer
eine Organisation wie der VDK gesellschaftlich und politisch zu wirken verstand.

Politischer Neubeginn

Nach dem Ende des nationalsozialistischen Führerstaates knüpfte die neugegründete Bonner Republik an die Traditionen bundesstaatlicher Ordnung an. Neben der Gliederung in Bundesländer spielte für den Aufbau und die Festigung eines demokratischen Bewusstseins die kommunale Selbstverwaltung eine wichtige Rolle. Am 28. Oktober 1956 fanden in Hessen Wahlen zu den kommunalen Parlamenten statt. Nach der Stimmabgabe verlässt eine Wählerin mit junger Begleitung ein Wahllokal im Vorderen Westen. Neben den bis heute die politische Landschaft prägenden Parteien versuchten eine Reihe von mittlerweile kaum mehr bekannten Gruppierungen Einfluss auf die politischen Verhältnisse vor Ort zu nehmen – „für die Bürger der Stadt", wie das Wahlplakat einer PWG versprach. Immerhin war die Resonanz bei Kommunalwahlen in den frühen Jahren der Republik beachtlich – 1956 machten über 77 % von ihrem Wahlrecht Gebrauch.

Ein Mann der jungen Generation

Die Kandidatur des 26-jährigen Holger Börner für den 3. Deutschen Bundestag 1957 erlangte bundesweite Publizität. Mit dem dem Gewinn des Direktmandats, das er bis 1976 verteidigen sollte, zog Börner als jüngster Abgeordneter in das Parlament ein – in ein Parlament, das von der 1878 geborenen Marie Lüders als Alterspräsidentin eröffnet wurde. Das Foto zeigt den jungen Kandidaten mit Ehefrau und Sohn. Für deutsche Verhältnisse war die Einbeziehung der Familie in den öffentlichen, von Männern beherrschten politischen Raum eher ungewöhnlich – man kann fast sagen: ein wenig „amerikanisch". Holger Börner war später einer der führenden Politiker seiner Partei und prägte als Ministerpräsident des Landes Hessen die Jahre 1976 bis 1987.

„Staatsbürger in Uniform"

Unter diesem Motto stand der Aufbau der Bundeswehr als Wehrpflichtarmee, der seit dem Beitritt der Bundesrepublik zur NATO 1955 betrieben wurde. Eine Gründung, die zu den großen innenpolitischen Streitfragen der neuen Republik führte. Bewusst sollte eine Distanz zu den obrigkeitsstaatlichen Traditionen von Reichswehr und Wehrmacht geschaffen werden und von vornherein jeder Versuch, das Militär als „Staat im Staate" zu verstehen, unterlaufen werden. 1957 rückten die ersten Rekruten in die Jägerkaserne ein. Carl Eberth, der in den Folgejahren auch für die Bundeswehr als Fotograf tätig war, zeigt die freundliche Begrüßung eines Wehrpflichtigen durch einen wachhabenden Offizier.

„Amerikaner"

Unter dem lapidaren Kürzel „Amerikaner" findet sich im Eberth-Archiv diese Aufnahme aus dem Jahre 1955. Seit der Besetzung Kassels im April 1945 war amerikanisches Militär in der Stadt präsent – zunächst als Besatzungsmacht, dann als NATO-Verbündeter zur Zeit des Kalten Krieges. Der Fliegerhorst Rothwesten wurde bis 1972 von den USA als wichtiger strategischer Standort in der Nähe des „Eisernen Vorhangs" unterhalten. Die Kaserne Rothwesten ist heute eher mit einer zivilen Entscheidung verknüpft. Unter der gelenkten Assistenz der amerikanischen Militärverwaltung fand 1948 dort jener legendäre Währungskonvent statt, in dem die entscheidenden Weichen für die weitere Entwicklung der westdeutschen Finanz- und Wirtschaftsgeschichte gestellt wurden.

Die Präsenz Amerikas reduzierte sich nicht auf Gruppen von GIs im Stadtbild oder Panzerfahrten in Zeiten von Manövern. Mit einem „Amerikahaus" unterhielten die USA auch in Kassel eine Institution, die für die mannigfachen Aspekte der politischen Kultur warb und der Verbreitung der englischen Sprache ein Podium bot. Sicher standen die 50er-Jahre unter dem Zeichen einer schrittweisen „Amerikanisierung" des Alltags in Deutschland. Wie die Bundeswehr war die US Army seinerzeit eine Wehrpflichtarmee. Manch einem der Soldaten, die zum Lunch in der Kantine versammelt waren, bot sich im Gegenzug die Möglichkeit, „Merry Old Europe" kennenzulernen.

Ein Belgier in der Belgier-Siedlung

Obwohl Belgien zunächst als Besatzungsmacht, dann im Rahmen der NATO in Nordrhein-Westfalen den Großteil seiner Truppen stationiert hatte, unterhielt es in Kassel in der Nähe der Zonengrenze ein Kontingent. Seit 1954 waren nach Plänen des Kasseler Architekten Paul Bode im Auefeld Wohnhäuser für belgische Soldaten und ihre Familien errichtet worden, die auch heute noch als „Belgier-Siedlung" bezeichnet werden. Im Juni 1960 hielt sich König Baudouin (oder flämisch: Boudewijn) zu einer Inspektion seiner Truppen in Kassel auf. Neben dem Besuch der militärischen Einrichtungen und der Abnahme einer Militärparade traf er in der Auefeldsiedlung auch auf ein interessiertes einheimisches Publikum, das ein wenig monarchischen Glanzes teilhaftig werden wollte. Für die in dieser Zeit vielgelesenen Illustrierten war der damals knapp 30-jährige Jungge-selle ein beliebter Aufhänger für diverse Spekulationen, die im gleichen Jahr durch eine ebenso Illustrierten-taugliche Hochzeit mit der spanischen Prinzessin Fabiola ein Ende finden sollten.

Die Präsenz der belgischen Truppen in Kassel endete in Kassel 1970. In Deutschland war der „Belgische Korridor" 2002 Geschichte geworden.

Protest gegen den Atomtod

Die Wiedereinführung einer Armee in der jungen Bundesrepublik war wenige Jahre nach dem Krieg von heftigen Debatten begleitet. Diese wiederholten sich im Jahre 1958, als die Frage anstand, ob die Bundeswehr Zugang zu atomaren Waffen erhalten sollte. Die Einschätzung von Bundeskanzler Adenauer, dass diese nur eine Weiterentwicklung der Artillerie seien, wurde von der Mehrheit der Bevölkerung nicht geteilt. So verwundert es nicht, dass die Pläne der Bundesregierung von öffentlichen Protestveranstaltungen begleitet wurden. Am 4. Juli 1958 fand eine solche in Kassel vor der Ruine des Marstalls statt. Der damalige Dezernent und spätere Oberbürgermeister Karl Branner traf auf ein Publikum, dem 13 Jahre nach Hiroshima und Nagasaki die Schrecken atomarer Zerstörung noch im Bewusstsein waren. Mit der Anti-Atomwaffen-Bewegung, die auch durch die „Göttinger Erklärung" prominenter Naturwissenschaftler ein zusätzliches Gewicht erhielt, kam ein erstes Moment direkten Bürgerprotestes in das politische Leben der Republik.

Konflikte

Erst nach dem Ende der nationalsozialistischen Herrschaft war die Wiederbegründung freier Gewerkschaften als Interessenvertreter der Beschäftigten möglich geworden. In der Tat verlief die Entwicklung von Wirtschaft und Gesellschaft in den 50er-Jahren nicht konfliktfrei und die deutsche Gesellschaft musste sich nach den Jahren der herrschenden NS-Ideologie von einer harmonischen „Volksgemeinschaft" daran gewöhnen, Konflikte und Spannungen sachbezogen zu erkennen und auszutragen. Mitte der 50er-Jahre hielt die Lohnentwicklung mit der Preisentwicklung nicht Schritt und führte in einigen Teilen der Bundesrepublik zum Einsatz eines Kampfmittels, das nun von den Repräsentanten der Arbeitnehmerschaft zum Durchsetzen höherer Löhne genutzt wurde: der Streik. Auch das wichtigste Industrieunternehmen in Kassel, die Firma Henschel, war in den Augusttagen des Jahres 1955 davon betroffen. Vor dem Fabrikgelände am Holländischen Platz haben sich an einem Vormittag Beschäftigte, aber auch Angehörige und Neugierige eingefunden, um den Fortgang des Arbeitskampfes zu unterstützen. Nach einer Woche konnte das Streikkomitee einen Erfolg melden.

Vor der Frauenquote

Zwar war Kassel durch die Teilung zunehmend in eine geografische Randlage des geteilten Landes geraten, aber im Laufe der Jahre bot sich neben der Stadthalle auch das traditionsreiche Hotel Reiss als Tagungsort für gesellschaftliche und politische Organisationen an. 1955 traf sich dort die „Deutsche Postgewerkschaft", die ein Teil der neukonstituierten Einheitsgewerkschaft DGB geworden war, zu einem Jahreskongress. Die Fotografie vermittelt einen Eindruck von den Tätigkeiten der verschiedenen Arbeitskreise, in denen sich „hinter den Kulissen" die Verbandsarbeit vollzieht und in den meist wahrgenommenen öffentlichen Großveranstaltungen zumeist verborgen bleibt. Ein genauer Blick in die Delegiertenschar vermittelt den Eindruck eines „Gruppenbildes mit vereinzelten Damen". Auch in den Gewerkschaften, wie in den meisten Institutionen des öffentlichen Lebens, waren die Frauen noch deutlich unterrepräsentiert.

Alltag zwischen Arbeit und Freizeit

Flugstadt Kassel

Seit den 20er-Jahren trafen die verschiedenen Aspekte des Fliegens durch die Aktivitäten von Flugpionieren wie Albert Falderbaum, Gerhard Fieseler und Kurt Kartenstein auch in Kassel auf ein interessiertes Publikum. Für Wirtschaft und Verkehr erwies sich das Fliegen als eine der wichtigsten technischen Innovationen des Jahrhunderts, die allerdings auch in ihrer militärischen Nutzung ein unbekanntes Zerstörungspotential eröffnen sollte. Demgegenüber waren aber vor allem die sportlichen Möglichkeiten populär: So entwickelte sich der nahe Dörnberg zu einem vielgenutzten Ort für den Segelflug. Daneben war auch Waldau ein Treffpunkt der Flugbegeisterten. Eine besondere Attraktion stellte die Teilnahme prominenter Flieger dar. Auf dem Flugtag 1957 konnte mit Elly Beinhorn (1907–2007) eine Flugpionierin begrüßt werden, die in den 30er-Jahren durch ihre kontinentalen Langstreckenrekorde internationales Renommee gewann (unten). Neben der Präsentation der neuesten Modelle für den individuellen Flugverkehr herrschte eine aufgelockerte Volksfeststimmung vor, von der die obere Aufnahme einen kleinen Eindruck vermittelt. Auch in der Zeit wachsenden Wohlstandes blieb der Flugsport allerdings eine exklusive Angelegenheit. Pläne für eine Anbindung der nordhessischen Region an ein reguläres Flugnetz sollten erst Jahrzehnte später mit dem Flughafen Calden Wirklichkeit werden.

Aufbau mit Feingefühl

Mit großer Regelmäßigkeit dokumentierte Photo Eberth die Wiedergewinnung des industriellen Standorts Kassel, wobei Henschel, aber auch der Spinnfaser über das Jahrzehnt hinweg besondere Aufmerksamkeit gewidmet wurde. Dabei darf aber die zentrale Rolle der Bauwirtschaft in der Phase von Wiederaufbau und Neubau nicht übersehen werden – eine Branche, die durch mannigfache Zulieferfirmen auch das eingesessene Handwerk beschäftigungsintensiv mit Aufträgen versorgte. Ein kleines Schlaglicht auf eine zunehmend häufiger nachgefragte Dienstleistung liefert das Foto aus dem Jahr 1955. Mit der Neugestaltung großzügig konzipierter Schaufenster war das Glasereihandwerk vor neue Herausforderungen gestellt. Eine Gruppe von Handwerkern transportiert mit der gegebenen Vorsicht eine für ein Schuhgeschäft bestimmte Glasscheibe über den Königsplatz, der in jenen Jahren noch als Wochenmarkt genutzt wurde. Auf der linken Seite fällt der Blick auf ein teilzerstörtes Gebäude, das noch einige Zeit als Postamt diente und später einem Neubau für Neckermann weichen sollte.

Bären für Kassel

Einen zoologischen Garten der Größenordnung von Frankfurt oder Berlin hat Kassel nie besessen. Frühe fürstliche Aktivitäten blieben ebenso folgenlos und sind bis heute auf die begrenzte Eigeninitiative enthusiasmierter Tierfreunde begrenzt. Im Gegensatz zu einer Stadt wie Berlin, die sich einen Bären als Wappentier gewählt hat, tauchen Tiere in der offiziellen Heraldik Kassels nicht auf. Allerdings verzeichnet die nordhessische Metropole seit Jahren eine verstärkte Zuwanderung des Kleinsäugers Procyon lotor, populär als Waschbär bekannt. Die Forschung führt die heutige Population auf ein Pärchen zurück, das mit Genehmigung des Reichsjägermeisters Hermann Göring 1934 am Edersee ausgewildert worden war. Es ist zu wahrscheinlich, dass die beiden abgebildeten Tiere in diese Genealogie einzureihen sind. Als Mitte der 50er-Jahre diese Aufnahme entstand, waren die Tiere in ganz Deutschland noch eine Kuriosität – man schätzte etwa 280 Exemplare. Im Jahre 2005 war bereits mit einer sechsstelligen Anzahl zu rechnen. Ob Kassel – wie eine Zeitung vermutete – die „Waschbärenhauptstadt Deutschlands" ist, wäre erst nach einer mühseligen Gesamtzählung zu entscheiden.

Moderne Gartentechnik

1955 fand nach Hannover und Hamburg in Kassel die dritte Bundesgartenschau statt. Die Tradition dieser Veranstaltungen lässt sich
bis in das 19. Jahrhundert zurückverfolgen und verband gärtnerisch-
ästhetische Gesichtspunkte mit verschiedenen Aspekten des Gewer-
be- und Landwirtschaftslebens. Für die Mehrzahl der Besucher bot
die Karlsaue als zentraler Austragungsort zweifellos einen optischen
Genuss floraler Gestaltung. Daneben konnte sich ein Fachpublikum
aber auch über die neuesten Entwicklungen landwirtschaftlicher wie
gartenbezogener Technik informieren. Die Fotografie zeigt Interes-
senten bei der Begutachtung einer der angebotenen Innovationen.
Während der Exposition fand zudem der Deutsche Bauerntag statt,
der auch die politischen und gesellschaftlichen Probleme der Land-
wirtschaft acht Jahre nach dem Krieg einer interessierten Öffentlichkeit vermittelte. Als weiteres Beiprogramm bot Kassel unter dem Titel
„documenta" eine Ausstellung mit moderner Kunst, die sich in den
Folgejahren als weltweit beachtete Institution etablieren sollte.

Ein Künstlerfest

Erst in den 70er-Jahren erhielt Kassel mit der „Gesamthochschule GHK" eine Stätte universitärer Bildung. Mit einer Ingenieurschule und einer Handelsschule waren Institutionen der Fachhochschulbildung vorhanden und eine Kunsthochschule konnte auf eine bis ins 18. Jahrhundert zurückgehende Tradition verweisen. Daneben bestand eine dem Kunstgewerbe verpflichtete Einrichtung, die unter dem Namen „Werkkunstschule" in den 50er-Jahren ihren Standort in der heutigen Marbachshöhe hatte. Mit Künstlerfesten boten Künstler und Kunstgewerbler – wie man seinerzeit unterschied – kleine bunte Auflockerungen des Alltags in den nüchternen Aufbaujahren. Im Jahre 1955 vermochte eine Gruppe von Werkgrafikern mit noch einfachen Mitteln wie Draht und Blechbüchsen für eine adäquate Dekoration zu sorgen.

Zeit – noch nicht digital

Über die Jahrzehnte hinweg bleib das Interesse am Sport konstant und wuchs noch mit der Entwicklung der Medien. Musste sich der Sport-begeisterte in der Blütezeit des Radios noch auf die rhetorische Brillanz eines Reporters bei der Schilderung des Geschehens verlassen, so bedeutete die zunehmende Verbreitung des Fernsehens eine weitere Steigerung der Illusion, in Echtzeit vor Ort zu sein. Das Hauptinteresse richtete sich zunehmend auf den Fußball, der sich im Laufe der Jahre – spätestens seit der Weltmeisterschaft 1954 – zu einem wahren Massen-phänomen entwickelte. Kraft und Eleganz, Beschleunigung und Konzentration – die Faszination des Sports liegt in der Entfaltung auch gegen-sätzlicher Eigenschaften. Zu den Sportarten, die auf Zeit setzen, zählen die Laufwettbewerbe in der Leichtathletik. Mit dem 1953 eröffneten Auestadion erhielt Kassel eine zunächst nur für den Fußball genutzte Sportstätte. Nach der Umrüstung für die Disziplinen der Leichtathletik wurde das Stadion in der Südstadt zu einem begehrten Treffpunkt von Athleten dieser Sportarten. Die Aufnahme entstand während einer Veranstaltung 1956. Die alte Frage: Was ist Zeit? kann die Fotografie nicht beantworten. Sie dokumentiert aber zweierlei: den menschlichen Faktor im vordigitalen Zeitalter und den eingetretenen Fortschritt der Zeitmessung in den Sportarten mit zunehmendem Beschleunigungszwang.

Nicht ohne Hering

Das seit 1926 viel besuchte Kasseler Heimatfest an den Ufern der Fulda – der Zissel – erlebte kriegsbedingt einen Niedergang und fand erst 1949 genügend Enthusiasten, die auf eine Wiederaufnahme des Volksfestes drängten. Aus heute eher karg anmutenden Anfängen wuchs die Resonanz für die Veranstaltung von Jahr zu Jahr. 1958 hatte der Zisselhering schon einen opulenten Umfang angenommen und stand wie stets im Zentrum einer Zisselparade, die durch die Kasseler Innenstadt zum Flussufer führte. Die Prozession nordhessischen Frohsinns hat die Ecke Opernplatz/Friedrichsplatz erreicht und wird von einer dichtgedrängten Passantenschar begleitet.

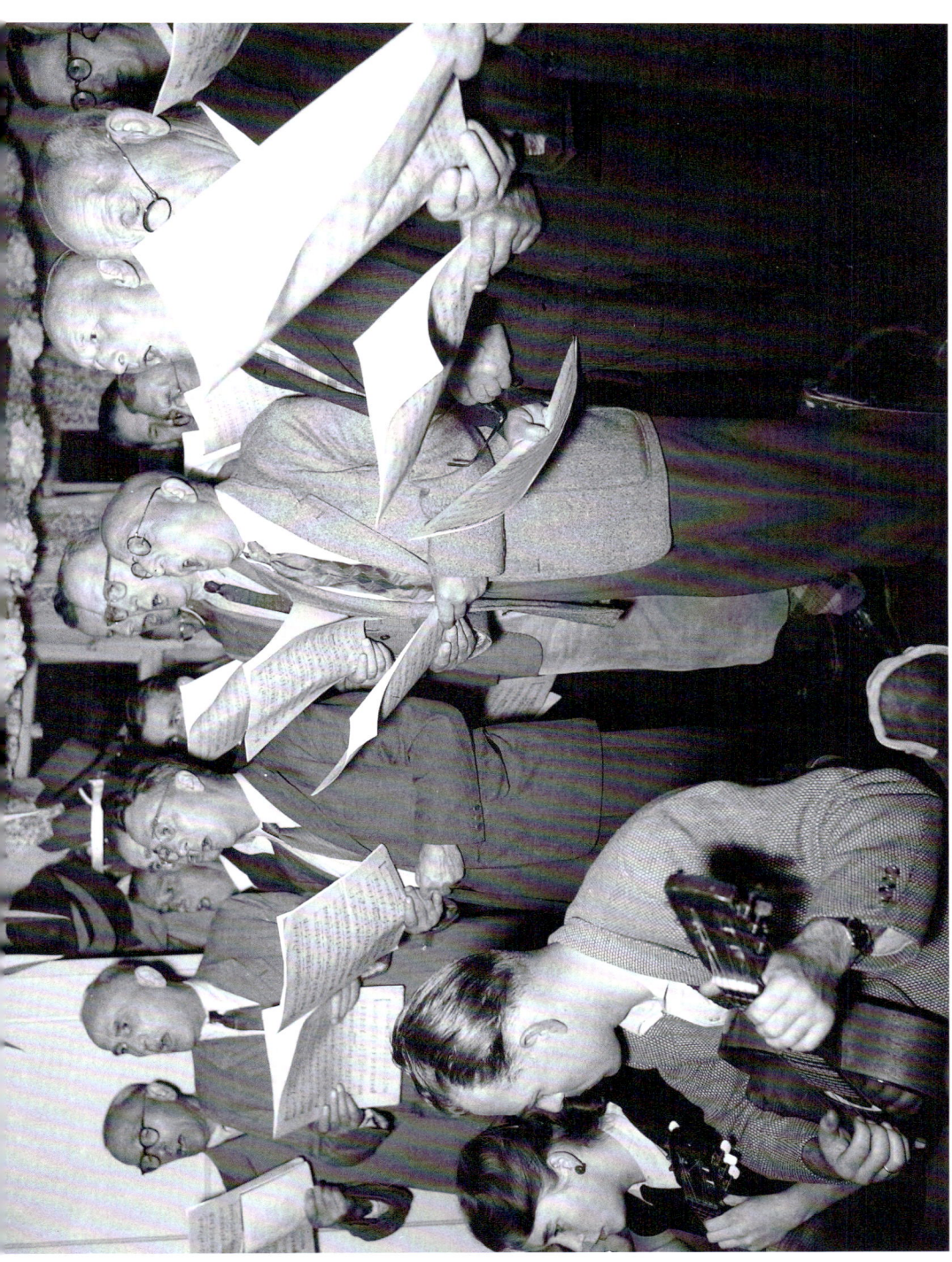

In Harmonie vereint

Mitte des Jahrzehnts fängt während einer Vereinsfeier der Fotograf taktgenau ein Stück gesanglicher Emphase ein. Der Männerchorgesang hat auch über den Krieg hinaus noch seinen Platz als volkstümliche Musikbetätigung behaupten können. Nicht nur in Gesangsvereinen, auch in berufsbezogenen Organisationen wie der Fleischerinnung, der Post oder der Bahn pflegte man eine Tradition, die seit dem frühen 19. Jahrhundert als „typisch deutsch" galt und im Laufe der Jahrzehnte mit dem Ruf der sentimentalen Spießigkeit zu kämpfen hatte. Sicher entbehrte es nicht der unfreiwilligen Komik, wenn in verrauchten Gaststätten „O Täler weit, o Höhen" angestimmt wurde – allerdings sollte man die Rolle des Vereinswesens als Moment selbstgewählter Gemeinschaftsbindung in einer Zeit beschleunigten sozialen Wandels nicht unterschätzen. Es ist auch kein Zufall, dass die abgebildeten Sänger schon reifere Semester sind. In diesen Jahren finden wir schon die ersten Klagen über ausbleibenden Nachwuchs.

Ausritt

Im Laufe des 20. Jahrhunderts ist das Pferd im Erscheinungsbild der Stadt nahezu vollständig verschwunden. Ursprünglich Nutztier für Transport und Verkehr, wurde es von der zunehmenden Motorisierung verdrängt. Als konstitutiver Teil der Kavallerie konnte es vor dem Ersten Weltkrieg noch eine gewisse Rolle im Militär spielen. Im Wirtschaftsleben taucht es als Kutscherpferd für Biertransporte nach 1945 noch als liebevolle Kuriosität auf. Allerdings war davon nicht der Reitsport betroffen. In den 50er-Jahren wurde die Tradition der Reit- und Springturniere, die in Reichswehr und Wehrmacht einen festen Platz besaßen, in nunmehr rein zivilen Rahmen wieder aufgenommen und auch das Dressurreiten fand einen festen Stamm von Zuschauern. Am 3. November 1955 hat sich in Waldau eine Gruppe von Reitsportbegeisterten zur Pflege einer anderen langjährigen Tradition religiösen Ursprungs zusammengefunden. Am Jahrestag des Schutzpatrons der Jagd, des heiligen Hubertus von Lüttich, nutzten Pferdefreunde das milde Herbstwetter zu einem Ausritt durch den angrenzenden Landkreis.

Kultur zwischen Tradition und Moderne

Glockenschläge

1957 war der Wiederaufbau der fast völlig zerstörten Karlskirche abgeschlossen. In diesem Jahr erhielt die Kirche eine Neuerung, die bis heute in der Innenstadt nachklingt: ein Glockenspiel. Die Fotografie zeigt einen Interpreten – den Carilloneur – während des Spiels im Jahr der Errichtung. In der Regel erklangen und erklingen Choralmelodien, die der protestantischen Gottesdiensttradition entstammen. Die Kunst des Carillon-Spiels hat ihre Wurzeln in Flandern, den Niederlanden, aber auch Nordfrankreich. Mit der Installation des Instrumentes in einer Kirche hugenottischer Provenienz wurde ein Ort gewählt, der sinnvoll auf einen historisch wichtigen Vorgang aus der Regierungszeit des Landgrafen Karl verweist: der Aufnahme von Glaubensflüchtlingen, die in den folgenden Jahrzehnten einen wichtigen Beitrag zur Kasseler Kulturgeschichte leisten sollten. Mit einem regelmäßig veranstalteten Glockenspielfest dient das Instrument heute auch der Pflege dieser eher seltenen Form der Musikausübung.

Prominenz und Publikum

Am 29. April 1955 fand die Eröffnung der Bundesgartenschau statt. Dem Anlass angemessen war viel politische und wirtschaftliche Prominenz angereist. Zu den Privilegien der Ehrengäste zählte die Teilnahme an der ersten Fahrt mit der Ausstellungskleinbahn, die sich als eine der großen Attraktionen der Gartenschau erweisen sollte. Nur noch in Umrissen sind einige der damals führenden Politiker zu erkennen: neben dem Bundespräsidenten Theodor Heuss der Bundeslandwirtschaftsminister Heinrich Lübke, der Heuss vier Jahre später im Präsidentenamt folgen wird, der hessische Ministerpräsident Georg August Zinn und der Kasseler Oberbürgermeister Lauritz Lauritzen.

Aus einer gebührenden Distanz heraus folgte ein interessiertes und im Erscheinungsbild differierendes Publikum der Veranstaltung. Eine Gruppe von Zuschauern in Schwälmer Tracht mag einen folkloristischen Tupfer für die Eröffnungsfeier geboten haben. In den 50er-Jahren konnte man während der Marktzeit auf dem Königsplatz vor allem ältere Bäuerinnen noch in ihrer markanten Kleidung antreffen.

„Ein Meer voller Farben"

Mit diesen und ähnliche Worten beschrieben Journalisten ihre Eindrücke von der Bundesgartenschau, die vom 29. April bis zum 16. Oktober 1955 in der Karlsaue stattfand. Photo Eberth hat eine reiche Fülle von Aufnahmen hinterlassen – allerdings zum überwiegenden Teil in Schwarz-Weiß. Die Bedeutung der Ausstellung für die Entwicklung der Stadt kann gar nicht überschätzt werden. Unter der Leitung des an der Kasseler Werkakademie wirkenden Gartenarchitekten Hermann Matern (1902–1971) konnten die gravierenden kriegsbedingten Schäden in der Gartenanlage beseitigt werden. Das rege Publikumsinteresse rückte die stark von den Folgen des Krieges gezeichnete Stadt in einen bundesweiten Fokus. Neben dem ästhetisch anmutenden Vergnügen einer Blumenpracht in mannigfacher gärtnerischer Gestaltung ermöglichte die Schau auch einen Einblick in den Stand der landwirtschaftlichen Pflanzennutzung – nicht umsonst fand im September der deutsche Bauerntag in Kassel statt. Neben den Freiflächen fanden die Ausstellungen in den Gewächshäusern vor der noch zerstörten Orangerie ein gesteigertes Publikumsinteresse (oben). Ebenso erwies sich die an der Schönen Aussicht besteigbare Personengondel als eine gern genutzte Attraktion (rechts).

Radio im Hessenland

Das von der amerikanischen Militärverwaltung gegründete Land „Groß-Hessen" erhielt mit Radio Frankfurt einen regional bezogenen Sender, der schon an eine ältere Tradition anknüpfen konnte. Der Rundfunk, der in den 50er-Jahren eine heute kaum mehr vorstellbare journalistische und unterhaltende Funktion erfüllte, diente in diesen frühen Aufbaujahren auch dem Ziel, eine Art „hessisches Bewusstsein" zu festigen, bestand doch das neue Bundesland aus durchaus heterogenen Teilen. Seit 1952 war der Sender in den Sommermonaten in verschiedenen Städten Hessens unterwegs und bot mit dem „Frankfurter Wecker" werktags von 6 Uhr bis 8 Uhr ein buntes Programm aus Information und Unterhaltung. Ein anderer „Straßenfeger" waren die Geschichten um die Familie Hesselbach. Zuerst als Hörspiel, später im Fernsehen gehörte die Sendung zu den in diesen Jahren populär werdenden Familienserien. Der Autor und Sprecher des Familienoberhauptes Karl „Bappa" Hesselbach, Wolf Schmidt (1913–1977), ist auf dem Foto während einer Aufzeichnung aus der Kasseler Stadthalle zu sehen. Über das Land Hessen hinaus beliebt, vermittelte die Serie allerdings auch das Vorurteil, der Hesse als solcher – und somit auch der Kasseläner – „babbele" Frankfurterisch.

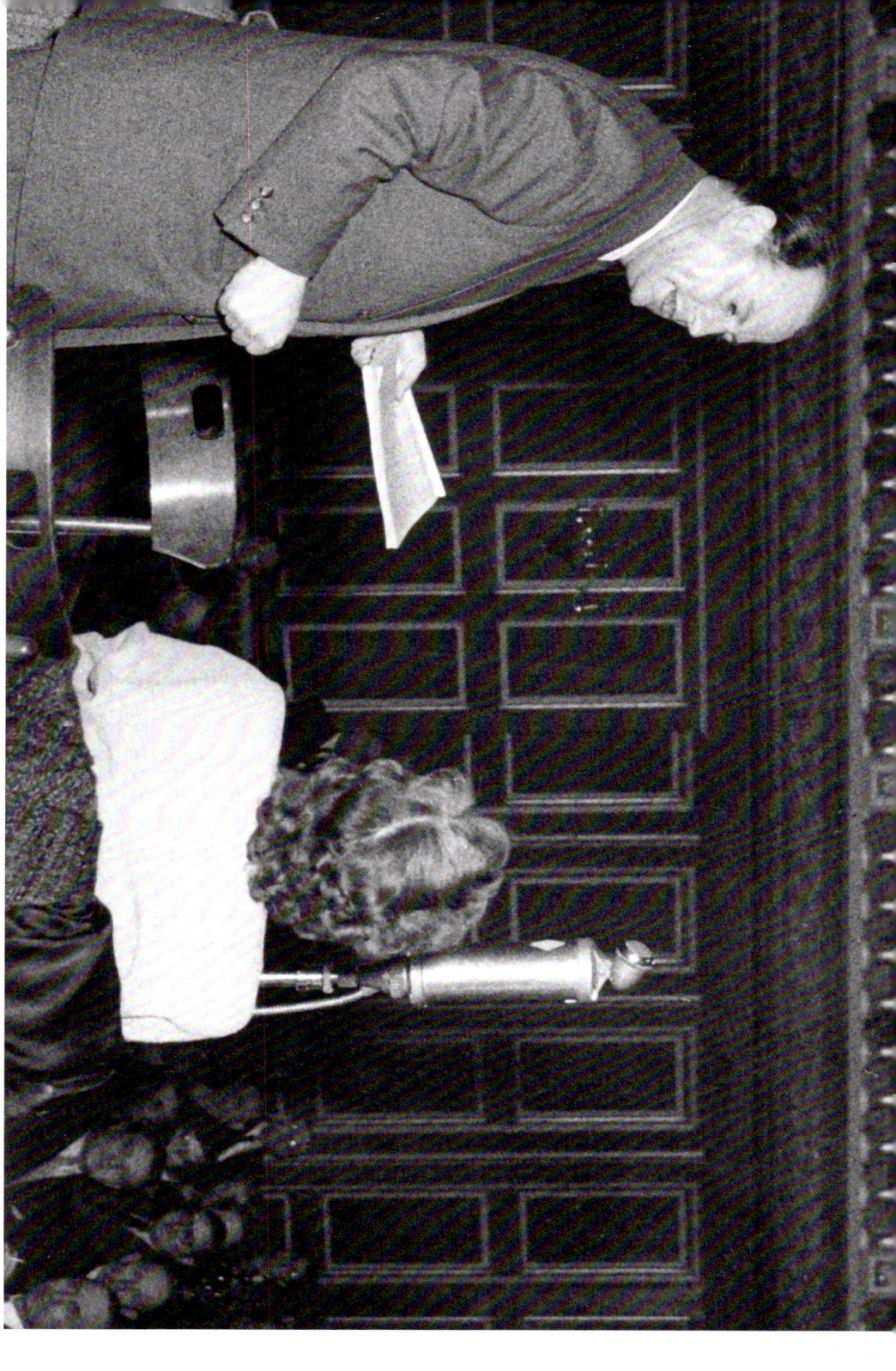

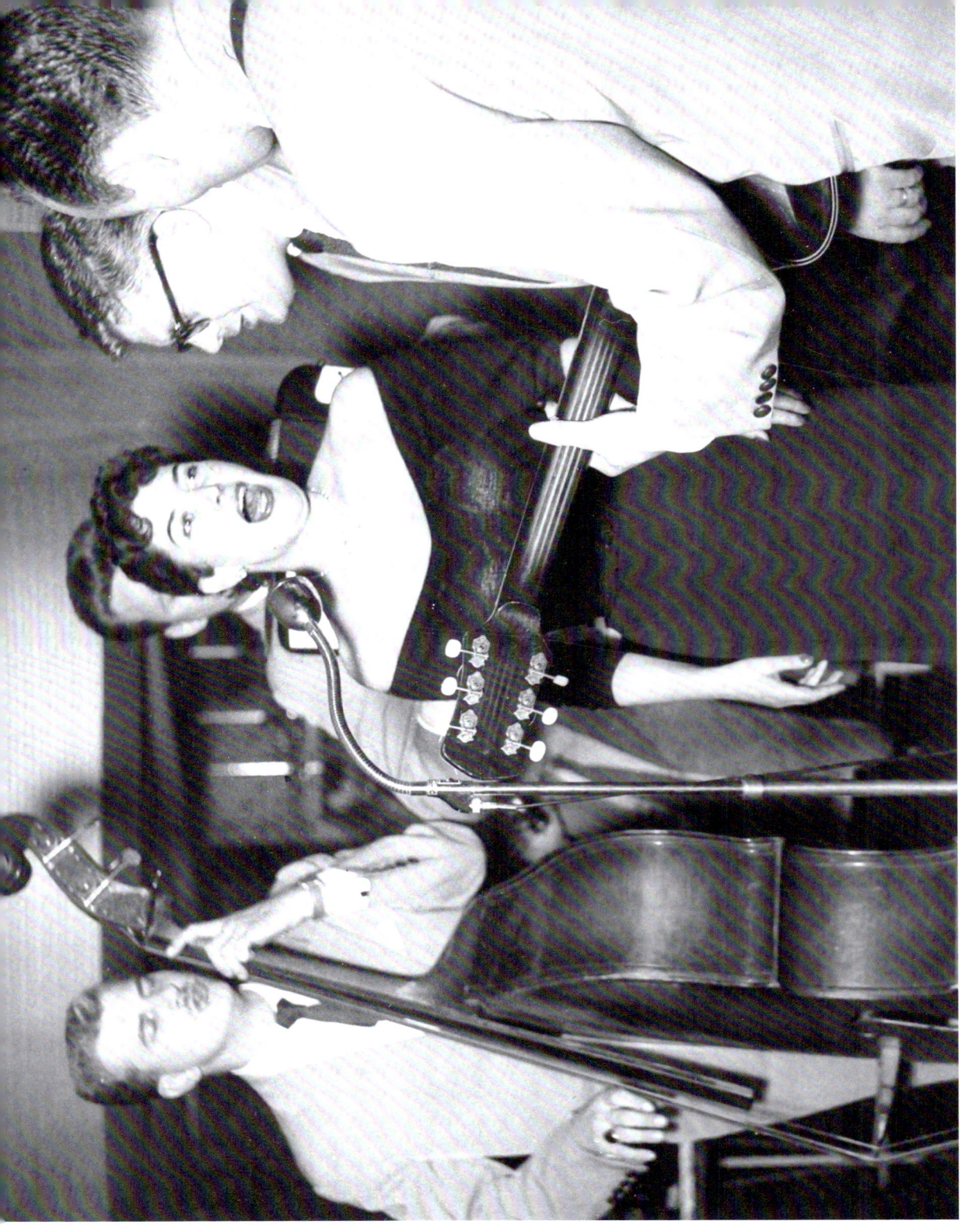

„I've got the rhythm"

Seit Anfang des Jahrzehnts vermittelte vor allem der Rundfunk einem breiten Publikum die verschiedenen Stile und Genres der Musik. Neben dem passiven Musikgenuss war die Freude an der instrumentalen und gesanglichen Betätigung ungebrochen. Zwar dominierte in der populären Musik noch der deutsche Schlager, aber der Einfluss der angloamerikanischen Kultur führte vor allem in der jüngeren Generation zu einem wahren Boom von Jazz, Country bis zum Rock 'n' Roll. Sängerin und Instrumentalisten vermittelten gegen Ende des Jahrzehnts den Eindruck jener musikalischen Leichtigkeit, die unter dem Motto „I've got rhythm" den Sound der Zeit bestimmte.

Filmstadt Kassel

Die Filmkunst der 50er-Jahre erfährt bis heute eine eher negative Wertung: Vom Heimatkitsch ist ebenso die Rede wie von der idyllisierenden Verzeichnung der realen Probleme und der Flucht in eine restaurative Scheinwelt. Tatsache aber ist, dass der Kinobesuch zu den beliebtesten Freizeitbeschäftigungen zählte und dementsprechend das quantitative Angebot auch ausländischer Filme beachtlich war. Filmteams – vor allem aus der damaligen Produktionsstadt Göttingen – nutzten gerne das Kasseler Ambiente, wenn Aufnahmen einer Großstadt benötigt wurden. Ebenso wurden Kasseler Filmtheater gerne als Ur- oder Erstaufführungsstätte genutzt. Am 10. März 1958 verursachte der Besuch des Schauspielers Hans Albers (1891–1960) einen kleinen Volksauflauf am Friedrichsplatz. Anlass war die Aufführung des Spielfilms „Das gab's nur einmal". Die schon über 30 Jahre anhaltende Popularität des Hamburger Schauspielers dokumentiert die Kontinuität des Unterhaltungsfilms im Stile der UFA bis in die 50er-Jahre hinein. Neben Albers die damals 28-jährige Helga Martin, die den in den Filmen der Zeit so beliebten Typus des „deutschen Fräuleinwunders" repräsentierte.

Kino im Wohnzimmer

Mit dem Jahr 1952 begann in Deutschland eine neue Ära der Massenkommunikation: das Fernsehen. Zwar gehen Versuche mit diesem Medium in die 30er-Jahre zurück, aber erst sieben Jahre nach dem Krieg erfolgte der Einstieg in eine neue Form populärer Informationsvermittlung und Unterhaltung, die bereits in den USA das öffentliche Leben in positivem wie in negativem Sinne prägte. Allerdings war die Anschaffung eines Fernsehgerätes anfangs ein teures Vergnügen, so dass die Masse der Benutzer überschaubar blieb. Erst Ende des Jahrzehnts zeichnete sich jene Entwicklung ab, die vor allem für das bislang vorherrschende Kino eine fast existenzbedrohende Krise bedeuten sollte. Eines der führenden Geschäfte in Kassel, Heini Weber, nutzte im Jahre 1955 den Karneval, um in einer Reklameveranstaltung sprechen – den Besuchern Fernsehgeräte schmackhaft zu machen. Jahrzehnte nach dem Ereignis betreibt man keine Schleichwerbung mehr, wenn man auf die führenden Marken der Zeit hinweist: Neben dem genannten Blaupunkt waren im Wohnzimmer auch Loewe-Opta und Grundig vertreten.

„Schauender Junge"

Mit ehrfürchtigem Interesse betrachten 1957 Oberbürgermeister Lauritz Lauritzen, eine ausgewählte Begleiterschar und Passanten ein markantes Beispiel von Kunst im öffentlichen Raum: eine Bronzefigur vor dem EAM-Hochhaus in der Treppenstraße.

Im Zuge des Wiederaufbaus verpflichteten sich die Kommunen, einen gewissen finanziellen Betrag für die künstlerische Gestaltung öffentlicher Bauten und Plätze zur Verfügung zu stellen. Auch Unternehmen förderten Kunst im öffentlichen Raum. Ein Beispiel dafür ist der „Schauende Junge", ein klassizistisch anmutendes Kunstwerk des Bildhauers Paul Bronisch (1904–1989). Zwei Jahre später wurde die Plastik eher beiläufig bundesweit bekannt. In dem in Kassel gedrehten justizkritischen Film „Rosen für den Staatsanwalt" spielt eine Schlüsselszene auf der Treppenstraße: Vor dem Hintergrund des Kunstwerkes verkauft eine der Hauptpersonen neuartige Krawatten mit Gummizug.

Grimms Welt

Obwohl nicht in Kassel geboren und gestorben, zählen Jakob und Wilhelm Grimm und ihre Familie zu den prominentesten Bürgern der Stadtgeschichte. Das reichhaltige wissenschaftliche Werk in Ehren: Für die meisten Menschen ist der Name der Brüder mit der Sammlung der „Kinder- und Hausmärchen" verbunden – und dies dank einer Fülle von Übersetzungen weltweit. Groß war die Zahl der Personen, die den Brüdern die Märchen zutrugen – eine davon, Dorothea Viehmann, lebte in dem heutigen Stadtbezirk Niederzwehren. Im Juli 1955 fanden dort Märchenfestspiele statt, die mit einem Umzug ihren Höhepunkt erreichten. Auf einem für diese Jahre reich geschmückten Wagen stellten Mädchen und Jungen in einer Art lebendiger Bilder markante Szenen aus bekannten Märchen dar. Auf unserer Aufnahme scheinen Aschenputtel und ihr Prinz schon dem glücklichen Ende entgegenzusehen. Auch wenn die titelgebende Hauptfigur nicht nordhessischer Herkunft ist, sondern französischer Tradition entstammt: Ob „Cedrillon", „Cinderella", „Cenerentola" oder „Zolushka" – mit einem Ende der schönen und oft schaurigen Märchenwelt der Brüder Grimm ist nicht zu rechnen. 1959 fand mit der Gründung eines Brüder-Grimm-Museums das Gedenken an die wichtigen Kasseler Bürger einen institutionellen Rahmen.

Umstrittene Moderne

Das neue Staatstheater zählt zu den Neubauten der Stadt, an denen sich bis heute Kontroversen entzünden. Vor allem der Abriss des alten Preußischen Staatstheaters, bei dem ein rekonstruierender Wiederaufbau durchaus möglich gewesen wäre, wurde von vielen Kasselern schon in der Zeit der Neuplanung kritisiert. Außerdem hielten die Querelen um die Architekten und ein öffentlich skandalisiertes Auswahlverfahren den kritischen Beobachter in Atem. Gegenüber dem Vorgängerbau ist der Neubau in Richtung Steinweg verschoben und gibt vom Friedrichsplatz den Blick auf die Karlsaue wieder frei. Im Jahre 1960, in dem diese Aufnahme entstand, konnten in zwei Häusern ein Schauspiel- und ein Opernbetrieb mit den damals modernsten Mitteln der Bühnentechnik betrieben werden. Neben der Pflege des klassischen Repertoires erfolgte eine Annäherung an die vielfältigen Ausdrucksformen der Moderne in Dramatik und Musik, die in dem Stil des neuen Staatstheaters eine architektonische Analogie gefunden hat.

Neubeginn mit Mythologie

Am 12. September 1959 wurde das neugebaute Staatstheater mit der Premiere eines Auftragswerkes eröffnet: Die Oper „Prometheus" erklang mit der Musik von Rudolf Wagner-Régeny (1903–1969). Vor dem Hintergrund technischer Perfektion und der Drohung atomarer Zerstörung bot der griechische Mythos um die Ambivalenz und Gefährdung der menschlichen Kultur einen klassischen Bezugspunkt zur zeitgenössischen Zivilisationskritik für ein Publikum, dem der mythologische Hintergrund des Stoffes noch nicht vollständig unbekannt geworden war. Die Tatsache allerdings, dass der Komponist seinen Wohnsitz in der – wie es damals hieß – Ostzone hatte, führte am Rande zu einer jener kurzfristigen Polemiken, die in der Hochphase des Kalten Krieges nicht unüblich waren. Allerdings überwogen Stimmen, die trotz der politischen Teilung in dem Werk das Dokument einer noch bestehenden einzigen Kulturnation sahen. Der Gründungsintendant Hermann Schaffner traf während einer Probe auf der Bühne mit zwei Titanen aus dem Chor zusammen.

Mit Vorsicht der Moderne entgegen

Moderne Kunst – das war für das breite Publikum Mitte der 50er-Jahre nach wie vor ein Buch mit sieben Siegeln. Zehn Jahre nach dem Ende der nationalsozialistischen Kunstdiktatur bot am Rande der Bundesgartenschau eine Ausstellung unter dem Titel „documenta" einen Einblick in das gegenwärtige Kunstschaffen. Daneben wurde aber auch – dem Anspruch gemäß – die Geschichte der bildenden Künste in der ersten Hälfte des 20. Jahrhunderts dokumentiert. In einem stark frequentierten Raum vermittelten Fotografien von Max Beckmann, Kurt Schwitters bis hin zu Paul Klee einen personenbezogenen Überblick über die vielfältigen Strömungen jener Kunst, die in den Jahren der NS-Herrschaft der Verfemung verfallen war.

Das starke Interesse, das in der Fotografie einen Niederschlag gefunden hat, sowie die positive Resonanz in Presse und Fachpublizistik ermöglichten das Wagnis einer zweiten Ausstellung im Jahre 1959. Wie 1955 war das Spektrum der Reaktionen von begeisterter Zustimmung bis zu starker Ablehnung für das zeitgenössische Kunstschaffen geprägt. Eine Gruppe junger Frauen setzte sich im Sommer 1959 dem Wagnis einer Konfrontation mit noch ungewohnten optischen Eindrücken aus. Für die Moderne ein kontroverses, nicht museales Darstellungsfeld begründet und weltweit mit der Stadt Kassel verknüpft zu haben, war ein Verdienst des Initiators der Ausstellung Arnold Bode (1900–1977). Bei allen kritischen Einwänden in den letzten Jahrzehnten: Die documenta ist eine international beachtete Ausstellung geblieben.

Das war mein Haus
am Ständeplatz
Inge Zumbach,
Wolfram Boder (Hrsg.)
112 Seiten, zahlr. S/w-Fotografien
ISBN 978-3-8313-2455-2

Alt-Kassel –
Bilder, die Geschichte erzählen
Mit Fotografien von Carl Eberth
Frank-Roland Klaube
96 Seiten, zahlr. S/w-Fotografien
ISBN 978-3-8313-2265-7

Trümmer, Tod und Tränen
Überlebensberichte aus der
Kasseler Bombennacht 1943
Thomas Siemon
64 Seiten, zahlr. Fotografien
ISBN 978-3-8313-3215-1

Leben im alten Kassel
Mit Fotografien von Carl Eberth
Stephan Franke
96 Seiten,
zahlr. S/w-Fotografien
ISBN 978-3-8313-2266-4

Wartberg-Verlag GmbH
Im Wiesental 1 | 34281 Gudensberg
www.wartberg-verlag.de

Bücher für Deutschlands Städte und Regionen
Tel. 05603-93050
Fax 05603-9305 28